Lange. Soft Skills

Soft Skills – Das Trainingsbuch

Kunden nachhaltig begeistern

Claudia Lange

Haufe Mediengruppe
Freiburg · Berlin · München

Bibliografische Information der Deutschen Nationalbibliothek

Die Deutsche Nationalbibliothek verzeichnet diese Publikation in der Deutschen Nationalbibliografie; detaillierte bibliografische Daten sind im Internet über http://dnb.d-nb.de abrufbar.

ISBN: 978-3-648-00195-0 Bestell-Nr. 00236-0001

1. Auflage 2010

© 2010, Haufe-Lexware GmbH & Co. KG, Munzinger Straße 9, 79111 Freiburg
Niederlassung München
Redaktionsanschrift: Postfach, 82142 Planegg/München
Hausanschrift: Fraunhoferstraße 5, 82152 Planegg/München
Telefon: (089) 895 17-0,
Telefax: (089) 895 17-290
www.haufe.de
online@haufe.de
Lektorat: Gabriele Vogt
Produktmanagement: Ass. jur. Elvira Plitt

Alle Rechte, auch die des auszugsweisen Nachdrucks, der fotomechanischen Wiedergabe (einschließlich Mikrokopie) sowie die Auswertung durch Datenbanken, vorbehalten.

Desktop-Publishing: Agentur: Satz & Zeichen, Karin Lochmann, 83071 Stephanskirchen
Umschlag: kienle gestaltet, Stuttgart
Druck: freiburger graphische betriebe GmbH & Co. KG, 79108 Freiburg

Zur Herstellung dieses Buches wurde alterungsbeständiges Papier verwendet.

Inhalt

Vorwort	**7**
Gebrauchsanleitung	**9**
Einleitung	**13**
Soft Skills, um Kunden für sich zu begeistern	18
Teil I: Mein persönlicher Beitrag	**21**
Das Prinzip Selbstverantwortung	21
Teil II: Mein Beitrag im Kundenkontakt	**49**
Kundenbeziehungszyklus	49
In Kontakt kommen – Phase 1 des Kundenbeziehungszyklus	53
In Kontakt sein – Phase 2 des Kundenbeziehungszyklus	77
In Kontakt bleiben– Phase 3 des Kundenbeziehungszyklus	132
Teil III. Das Trainingsprogramm	**151**
Phase 1 – In Kontakt kommen – Einen guten, ersten Eindruck machen!	151
Phase 2 – In Kontakt sein – Den Maßanzug fertigen und anpassen	162
Der Sherlock Holmes in Ihnen – Motive erfragen	165
Phase 3 – In Kontakt bleiben – Einen nachhaltigen Eindruck hinterlassen!	179
Bewusstsein schaffen – leicht gemacht	182
Individuelle Entwicklungsaufgaben	183
Zusammenfassende Erkenntnis	**189**

Vorwort

WOW! Endlich ein weiteres Buch zum Thema Soft Skills! Waren das Ihre Gedanken, als Sie dieses Buch das erste Mal gesehen haben? Nein? Ich würde es Ihnen nicht übel nehmen, denn Begeisterung entsteht nicht immer auf den ersten Blick und auch nicht einfach so. Dabei ist es oft das, was wir täglich von anderen erwarten und zwar „aus dem Stand". Von unseren Mitarbeitern und unseren Kunden, intern wie extern. Ihre Vorgesetzten, Mitarbeiter und Kollegen sollen für ihre Ideen brennen, das setzt Begeisterung voraus. Sehr gute Zahlen sind unerlässlich, um im heutigen Wettbewerb zu bestehen, also fordern Sie statt der hundertprozentigen Leistung manchmal 110 %. Natürlich erwarten Sie auch hier sofortige Begeisterung und in der Konsequenz nachhaltig sehr gute Ergebnisse. Ihre Kunden sollen Ihnen treu bleiben und Sie selbstverständlich auch über Jahre weiterempfehlen. Sie sollen nachhaltig begeistert sein, ein scheinbar selbstverständliches Ziel, damit Sie sich von anderen Mitbewerbern abheben und im Markt bestehen.

Was tun Sie selbst dafür, dass Ihr Umfeld eine echte Chance hat, nachhaltig begeistert zu sein? Mit welchen Erwartungen haben Sie zu diesem Buch gegriffen? Patentrezepte lesen, übernehmen und zurücklehnen? Sie wissen schon: damit es schnell geht. Die schlechte Nachricht zuerst: Daraus wird nichts, denn ohne Sie geht es nicht. Die gute Nachricht: Sie bringen alles Wesentliche mit, denn es ist alles bereits in Ihnen. Jeder ist für sich und sein Handeln selbst verantwortlich.

Ein Ziel dieses Buches ist es, wieder mehr Bewusstsein zu schaffen für unsere eigene Einstellung und für unser Handeln, und Verantwortung zu übernehmen für das, was wir sagen und für das, was wir nicht sagen. Für das, was wir tun und für das, was wir nicht tun.

Dieses Buch richtet sich an Fach- und Führungskräfte unterschiedlichster Branchen, unabhängig von Berufserfahrung und Geschlecht. Es richtet sich an jeden, der im Kundenkontakt steht, intern und extern. Es richtet sich an jeden, der – zu Recht – gute Zahlen fordert und dabei mit Menschen zu tun hat. Wer dauerhaft Top-Leistungen auf höchstem Niveau erwartet, der kommt nicht am Thema Soft Skills vorbei. Wer Begeisterung und Nachhaltigkeit fordert, der sollte sich bewusst die Zeit für den Weg dorthin nehmen, auch und gerade in Zeiten, wo wir aufgrund des ständig herrschenden Termindrucks oft nur noch reagieren, statt bewusst zu agieren.

Sind Sie bereit, sich diese Zeit bewusst zu nehmen, ja sogar wieder einen Schritt zurück auf „A wie Anfang" zu gehen? Zugegeben, es ist zu Beginn vielleicht unbequem, erst recht, wenn Sie bereits zu den erfahrenen Fach- oder Führungskräften gehören. Es klingt ja auch unattraktiv, noch einmal ein paar Schritte zurückzugehen, wo wir doch immer darauf bedacht sind, so schnell wie möglich vorwärts zu kommen. Sie wissen schon: „Schneller, höher, weiter!"

Ich verspreche Ihnen: Am Ende zahlt es sich garantiert im doppelten Sinne für Sie aus ... Das ist wohl die Formulierung, die den Inhalt dieses Buches am besten widerspiegelt und die für Sie Motivation genug sein sollte, sich offen darauf einzulassen. Ihre persönlichen Erkenntnisse werden – je nach persönlichem und beruflichem Hintergrund – so unterschiedlich und individuell sein, wie wir Menschen eben sind.

Ich freue mich, wenn Sie sich auf dieses Buch von A bis Z offen einlassen!

Gebrauchsanleitung

Um Ihnen die Lektüre zu erleichtern und damit Sie das Buch möglichst effektiv lesen, hier noch einige Hinweise vorab:

 „Hand aufs Herz"

Am Ende von oder zwischen den einzelnen theoretischen Inputs steht oft der Zusatz **Hand aufs Herz**. Der Hinweis „Hand aufs Herz" weist auf Fragen zur Selbsterkenntnis hin. Diese sind als Denkanstoß gedacht und sollen Sie zur ehrlichen Selbstreflexion anregen. Sich selbst hier zu beschummeln macht keinen Sinn! Aus meiner Sicht gibt es nur zwei Möglichkeiten im Umgang mit dieser Kategorie:

1. Möglichkeit: Sie stellen sich den Fragen und sind einfach ehrlich zu sich selbst. Niemand ist perfekt. Wer das von sich behauptet, macht sich aus meiner Sicht eher verdächtig.

2. Möglichkeit: Sie überspringen die Fragen regelmäßig, als wären sie überhaupt nicht wichtig. Wenn Ihnen die Fragerei zu nervig oder zeitraubend ist, dann seien Sie aber bitte auch so konsequent und werfen das Buch weg! Es wird Sie nicht voranbringen!

 „Antennen an!"

Der Zusatz **Antennen an!** steht für die Aufforderung, dem Kunden gegenüber sehr achtsam zu sein. Diese Aufforderung ist mit der dringenden Empfehlung verbunden, alle Ihre Sinne wieder zu schärfen. Oft sind es Kleinigkeiten oder kleinste Signale, die für uns wertvolle Hinweise im Hinblick auf die Bedürfnisse der Kunden wären. Leider nehmen wir diese aus unterschiedlichsten Gründen manchmal gar nicht (mehr) wahr. Meine besondere Empfehlung dahinter: Gerade wenn Sie schon „ein alter Hase" in Ihrem Geschäft sind und genau (zu) wissen (meinen), wie Ihre Kunden ticken, lohnt es sich doppelt, wieder bewusster wahrzunehmen, was Ihnen Ihr Kunde „heute, hier und jetzt" sagt oder ausdrücken möchte. Das Leben ist Veränderung. Auch wenn Ihnen Ihr Kunde seit Jahren vertraut ist, so liegt es nahe, dass sich die Bedürfnisse der vergangenen Jahre nicht automatisch mit den heutigen decken.

Perspektivenwechsel
Die Brille steht für einen **Perspektivenwechsel**. Der Blick durch die Kundenbrille ist manchmal ganz heilsam. Genauso erkenntnisreich kann es sein, wenn Sie sich nicht nur in die Situation Ihrer Kunden versetzen, sondern auch einmal die Perspektive einnehmen, die Sie selbst als Kunde mit all den normalen Erwartungen und Bedürfnissen oft genug aus dem privaten Alltag kennen.

„Daumen nach oben"
Der „Daumen nach oben" weist auf einen besonderen **Tipp** hin. Das Symbol steht für kleine Tipps und Kniffe, die sich im Kundenkontakt bewährt haben.

Ausgewählte Beispiele
Ich lege großen Wert auf Praxisnähe. Alle in diesem Buch beschriebenen Beispielsituationen basieren auf realen Erlebnissen, die ich im Rahmen meiner beruflichen Aufgabe als Trainerin oder auch als private Kundin unterwegs „live" gemacht habe. Zum Schutz der betreffenden Unternehmen und der jeweiligen Personen habe ich selbstverständlich die Namen geändert. Eventuell auftretende Namensgleichheiten sind zufällig und nicht gewollt.
Die erzählten Beispiele beschreiben Situationen aus unterschiedlichsten Branchen und betreffen Fach- und Führungskräfte im Kundenkontakt gleichermaßen. Die Konsequenz daraus ist die praxisorientierte Schreibweise und der bewusste Verzicht auf englische Begriffe (Ausnahme Soft Skills, Hard Facts, Know-how und Feedback).

Die Wiederholung bestimmter Kernaussagen soll den Lernprozess gezielt unterstützen. Das dadurch eventuell hervorgerufene Gefühl „Das ist ja wie bei uns/mir im Unternehmen!" ist gewünscht und beabsichtigt.

Einleitung

Eines ist klar: Nur der kann heute am Markt bestehen oder sogar Leistungsführer werden, der es versteht, durch den Einsatz von Soft Skills Situationen im Kundenkontakt mit allen Sinnen wahrzunehmen sowie stets achtsam zu sein. Er sollte auf diese Weise in der Lage sein, Bedarfe, Bauchschmerzen und Erwartungen der Kunden (intern und extern) zu erkennen bzw. zu erfühlen.
Was sind nun Soft Skills? Was heute neumodisch Soft Skills heißt, war früher nichts anderes als die stimmige Mischung aus gesundem Menschenverstand, Fingerspitzengefühl und guter Kinderstube! Frei übersetzt bedeutet es „weiche Fähigkeiten". Im Gegensatz zu den seit Jahrzehnten beliebten und bekannten Hard Facts (Zahlen, Daten, Fakten) lassen sich Soft Skills aber nicht so einfach messen, sondern eher fühlen.
Persönliche und soziale Kompetenzen wie Offenheit, Durchhaltevermögen und Teamgeist formen unsere Persönlichkeit und sorgen für eine positive Ausstrahlung oder Charisma. Jeder von Ihnen kennt das: Es gibt Menschen, die etwas Offenes, Sympathisches an sich haben, ohne dass wir es manchmal benennen oder greifen können. Das sind Menschen, die wir gerne in unserem Umfeld haben, weil sie einfach diese positive Ausstrahlung haben. Eine erfolgsversprechende Voraussetzung, um Kunden für sich zu gewinnen oder gar zu begeistern: Aufgrund des sehr engen Wettbewerbs und zahlreicher, oft austauschbarer Produkte entscheidet im Zweifel das gute Gefühl, bei welchem Anbieter der Kunde kauft bzw. bleibt. Die Herausforderung heute am Markt ist: Der Unterschied wird zwischen den Menschen gemacht!

Im Zeitalter der Technologie verfügen wir über unzählige Möglichkeiten und Wege der Kommunikation. Das erleichtert und strafft ohne Zweifel viele Abläufe. Gleichzeitig birgt es auch das Risiko, dass wir den so wichtigen persönlichen Kontakt zu unseren Kunden dadurch oft verlieren bzw. vernachlässigen. Wir schreiben mal eben eine Mail an jemanden, den wir auch anrufen könnten. Wir checken nebenbei unsere Nachrichten, während jemand mit uns spricht (unmöglich, absolut tabu, jeder Gesprächspartner verdient 100-prozentige Aufmerksamkeit!). Das Quartalsdenken in Konzernen und der Termindruck auch in mittelständischen Unternehmen bestimmen oft unseren Alltag, bewusst und unbewusst. Der Kunde gerät dabei oft unabsichtlich ins Hintertreffen. Häufig werden wir vom Alltag überrollt und reagieren nur noch. Unser Fokus liegt auf den anstehenden Aufgaben und Herausforderungen, wir sind ständig im Handeln. Es kann nie schnell genug gehen und wir nutzen jede Gelegenheit manchmal sogar Dinge parallel zu bearbeiten.

Wenn auch das Ziel dahinter oft ehrenwert ist, so verlieren wir durch unser Tempo doch manchmal das Wesentliche aus den Augen: **den direkten Kontakt zum Kunden.**

Der Alltagswahnsinn

Ob Unternehmer, Angestellter oder Kunde: Wir alle sind täglich einer überdimensionalen Flut von Reizen ausgesetzt und müssen immer wieder neu filtern und entscheiden, was für uns wichtig ist und was nicht. Der regelmäßige Blick aufs Handy oder Blackberry, das ständige Abhören von Nachrichten auf der Mailbox oder das Checken zahlreicher E-Mails gehört zu unserem Arbeitsalltag wie der heiße Kaffee zum Morgen. Bereits auf dem Weg zur Arbeit versuchen wir parallel mindestens zwei Aufgaben gleichzeitig zu erledigen, um nicht vom Tagesgeschäft vollkommen überrollt zu werden. Selbstverständlich sind wir, sofern möglich, immer auf der Überholspur unterwegs, denn wir wollen ja die Nasenlänge Vorsprung herausholen und keine Zeit verschwenden. Bevor wir unseren Tagesablauf aktiv geplant haben, ist er bereits mindestens einmal schon über den Haufen geworfen worden. Plan B oder Plan C sind eine leidige Selbstverständlichkeit. Statt klug zu agieren und den Tag aktiv zu gestalten, können wir manchmal nur noch reagieren.

Beispiel:
> Ein weltweit agierender Konzern der medizinisch-technischen Branche hatte aufgrund eines sehr schlechten Jahresergebnisses radikale Sparmaßnahmen eingeleitet. Auch personelle Veränderungen waren erforderlich. Nachdem auch im Kundendienstbereich einige Mitarbeiter das Unternehmen verlassen mussten, bedeutete das in der Konsequenz für einzelne Mitarbeiter: Bei gleicher Arbeitszeit übernahmen sie von heute auf morgen – mal eben – das Nachbargebiet ihres Kollegen „provisorisch" mit. Das anfallende Tagesgeschäft hatte plötzlich mehr mit der Koordination von „Feuerwehreinsätzen" zu tun, als dass es professionell und effektiv geplant werden konnte. Aus der Not und einem Zeitdruck heraus arbeiteten die Mitarbeiter nur noch ihre Einsätze beim Kunden vor Ort ab. Die technische Lösung stand im Vordergrund. Der so wichtige persönliche Kontakt zum Kunden schien reine Zeitverschwendung zu sein, die man sich nicht leisten konnte.

„Wenn ich nur schnell genug meine technischen Aufgaben vor Ort erledige, dann ist alles gut!"
Eine weit verbreitete Ansicht und ein ehrenwerter Ansatz, der sich langfristig als Trugschluss herausstellt. Schnell beim Kunden zu sein, den Auftrag erfolgreich zu erledigen und genauso schnell wieder wegzufahren, lässt keinen Raum, seine Kunden ernsthaft nach ihren Bedarfen, Wünschen und Bauchschmerzen zu befragen, geschweige denn etwas für eine tragfähige Kundenbeziehung zu tun. Doch die Qualität meiner Kundenbeziehung entscheidet heute oft über den Grad der Kundenzufriedenheit. Zielorientiert nachhaltige Lösungen zur Kundenzufriedenheit wird nur der erbringen, der es versteht, einen Gang runterzuschalten und auch einmal anzuhalten, um wertvolle Zeit in den persönlichen Kontakt mit dem Kunden zu investieren.
„Was sollen wir in Soft Skills investieren? Wir haben keine Zeit für so etwas. Was wir brauchen, sind Zahlen, Daten, Fakten. Bei uns zählen gute Ergebnisse – die Hard Facts!!" So und so ähnlich klangen noch vor zehn Jahren typische Sätze aus dem Mund von Managern und Führungskräften, nachdem ich sie auf die gezielte Entwicklung von Soft Skills als wichtiges Zukunftsthema angesprochen habe. Eine Investition in den Men-

schen schien unnötig und an falscher Stelle im Unternehmen platziert. Solange so etwas wie Kundenbeziehung nicht als Produktivitätsfaktor bewertet wurde, gab es kaum Chancen, Soft Skills mit einem hohen Stellenwert in den Unternehmen zu etablieren. Nach dem Motto „Was nicht messbar ist, ist nichts wert!" wurde die Entwicklung von Schlüsselkompetenzen oft bewusst vernachlässigt.

Beispiel:
> Der Geschäftsführer eines mittelständischen Unternehmens plante eine groß angelegte, langfristige Trainingsmaßnahme zum Thema „Professioneller Umgang mit dem Kunden". Jahrelang hatte der Inhaber zwar regelmäßig in die Weiterbildung seiner Angestellten investiert, aber lediglich in fachliche Schulungen. Der enge Wettbewerb zwang ihn nun dazu, sich durch besondere Leistungen im Service von den Wettbewerbern abzuheben. Nachdem das Trainingskonzept stand, ging es um die Zusammenstellung der Teilnehmer. Grundsätzlich sollten ausnahmslos alle Mitarbeiter auf denselben Stand gebracht werden, damit es zukünftig so etwas wie „Standards im professionellen Umgang mit dem Kunden" in diesem Unternehmen gab. In Anbetracht der erforderlichen Investitionskosten wurde dann jedoch über einzelne Mitarbeiter diskutiert. Man war sich schnell einig, dass z.B. Herr Kniffke nicht mehr an den Trainings teilnehmen solle. Auf meine Nachfrage hin hieß es: „Unser Servicemitarbeiter Herr Kniffke ist bereits seit zwei Jahrzehnten im Unternehmen und geht bald in Rente. Das lohnt sich nicht mehr!"

Sie sind ein Fan von Zahlen, Daten und Fakten?
Herr Kniffke hatte noch 1,5 Jahre bis zur Rente. Täglich hat dieser Servicemitarbeiter durchschnittlich 4 Kundenkontakte. Das bedeutet bei ca. 25 Arbeitstagen im Monat ca. 100 Kundenkontakte. Auf 1,5 Jahre hochgerechnet sind das in diesem Fall ca. 1700 Kundenkontakte! Das heißt konkret: 1700 Gelegenheiten, einen Kunden zufrieden zu stellen und an sich zu binden oder 1700 Möglichkeiten, denselben Kunden (ob bewusst oder unbewusst) zu vernachlässigen, enttäuschen, verärgern oder gar zu verlieren!

Sie haben Lust auf noch mehr Zahlen?

Noch weiter heruntergebrochen lässt sich jeder Kundenbesuch bzw. Kundenkontakt in einzelne Phasen (Kundenkontaktphasen) einteilen. Weitere unzählige Situationen, Momente und Möglichkeiten, Kunden von uns zu überzeugen oder sie zu verlieren. Je nach Branche und Aufgabe variiert hier sicherlich die Anzahl der Kundenkontakte. Doch selbst wenn Sie an dieser Stelle die für Sie infrage kommenden Situationen nur grob hochrechnen, so sollte spätestens an dieser Stelle die Diskussion um die Notwendigkeit von Soft Skills verstummen. Machen Sie sich den „Spaß" und überschlagen Sie einmal Ihre durchschnittliche Anzahl an Kundenkontakten pro Jahr, pro Monat, pro Woche oder sogar pro Tag.

Heute hat sich der Stellenwert der Soft Skills eindeutig verändert. Die erfolgreiche Handlungskompetenz einer Person lebt von der gesunden Mischung aus Hard Facts (Sach- bzw. Fachkompetenzen) und Soft Skills (methodischen, persönlichen und sozialen Kompetenzen). Im Zeitalter der Technik ist der Wettbewerb sehr eng und nicht selten entscheidet nur eine Nasenlänge Vorsprung darüber, wer sich am Markt durchsetzt. Wo früher Fachwissen ausgereicht hat, entscheiden heute oft Soft Skills über den beruflichen Erfolg. Produkte sind austauschbarer denn je und die Kunden haben unzählige Möglichkeiten zu vergleichen.

Beispiel:
> Ein mittelständisches Unternehmen im Bereich Elektronik erhob den Anspruch, Leistungsführer zu werden. Der Kundendienst bestand aus jahrelang erfahrenen Spezialisten und Experten, die sich vor allem durch ihre besonderen technischen Lösungsfähigkeiten in einem zum Teil sehr gehobenen Kundenumfeld bewegten. Das Unternehmen hatte sich in einer Nische platziert und überzeugte durch technisches Know-how. Im technischen Bereich wurde regelmäßig in Schulungen für die Mitarbeiter investiert, gleichzeitig hatte nicht ein Servicetechniker, trotz zum Teil jahrzehntelanger Betriebszugehörigkeit, auch nur ein einziges Training zum Thema „Umgang mit dem Kunden" erhalten. Das hieß in der Konsequenz, dass diese technisch hochqualifizierten Kundendienstmitarbeiter zwar fachlich ausgewiesene Experten waren, aber lediglich aus dem Bauch heraus im Umgang mit dem Kunden agierten. Das

reicht heute nicht mehr aus. Der Kundendienstmitarbeiter trägt durch seine persönlichen, sozialen und kommunikativen Kompetenzen im Umgang mit dem Kunden maßgeblich dazu bei, inwieweit sich der Kunde dem Unternehmen verbunden fühlt.

Was sind nun relevante Soft Skills, um den heutigen Anforderungen im Berufsalltag gerecht zu werden? Beispielhaft führe ich einige „Top Skills" auf, die heute im Umgang mit dem Kunden erfolgsentscheidend sind. Sie sind herzlich eingeladen: Machen Sie den Abgleich mit Ihren persönlichen Kompetenzen und ergänzen Sie sie gegebenenfalls für sich.

Soft Skills, um Kunden für sich zu begeistern

1. Persönliche Kompetenzen
- Offenheit – Wer offen auf andere (unabhängig vom Typ) zugeht, der wird die Menschen auch für sich öffnen können.
- Positive Haltung – Sie haben es jeden Tag selbst in der Hand, wie Sie Aufgaben sehen und angehen. Sie geben den Dingen durch Ihre eigene Haltung eine positive oder negative Richtung.
- Selbstmotivation – Von Ihnen hängt zunächst selbst ab, wie intensiv Sie sich für eine Sache oder eine Person engagieren.
- Identifikation – Wer mit Herzblut bei der Sache ist, der kann auch andere „infizieren".
- Authentizität – Wer seinem Typ treu bleibt, ist echt und somit glaubwürdig.
- Loyalität – Sie leisten einen wichtigen Beitrag dadurch, dass Sie dem Unternehmen, einzelnen Abteilungen und Kollegen gegenüber stets loyal sind. Das drückt sich sowohl im Verhalten als auch in der Kommunikation aus.

- Zuverlässigkeit – Wer über einen längeren Zeitraum gezeigt hat, dass man sich auf ihn verlassen kann, der erhält durch diese Stärke bei anderen einen Vertrauensvorschuss.
- Selbstbewusstsein – Nur wer selbstbewusst ist, kann auch Rückgrat zeigen und Entscheidungen treffen.
- Selbstmanagement – Effektives Arbeiten erfordert selbstständiges Filtern, Priorisieren und Organisieren.
- Gelassenheit – Aspekte gelassen zu betrachten, bringt Ruhe auch in schwierige Situationen. Durchdachtes Vorgehen bzw. Reagieren statt unüberlegter Sofortmaßnahmen ist so möglich.
- Ausdauer, Durchhaltevermögen – „Dranbleiben" zahlt sich irgendwann aus.
- Fähigkeit, Kritik offen anzunehmen – Wer es schafft, Kritik offen anzunehmen, eröffnet sich die wesentliche Möglichkeit, aus Aufgaben und Situationen zu lernen! Nur so ist eine optimale persönliche Weiterentwicklung möglich. Kritikfähig zu sein, bedeutet auch souverän zu sein, und erhöht gleichzeitig Ihre persönliche Akzeptanz bei anderen.

2. Soziale Kompetenzen

- Fähigkeit, konstruktiv Kritik zu üben – Eine entscheidende Fähigkeit im Austausch mit anderen, um Dinge voranzubringen
- Empathie – Wer sich in andere hineinfühlen kann, baut schnell Beziehungen auf. Gesprächspartner fühlen sich verstanden und gut aufgehoben.
- Schlagfertigkeit – Geistige Flexibilität wird uns in vielen Alltagssituationen abverlangt.
- Kommunikationskompetenz – Jemand, der in der Lage ist, sich individuell auf die Sprache seines Gegenübers einzustellen, überzeugt oft bereits im ersten Eindruck.

3. Methodische Kompetenzen

- Moderationskompetenz – Auch das gezielte Moderieren/ Kommunizieren in Gruppensituationen trägt zur professionellen Außenwahrnehmung bei und gibt einer Sache Struktur und einen roten Faden.
- Verhandlungsgeschick – Um an einem Punkt zueinander zu kommen, ist eine gesunde Mischung aus Fingerspitzengefühl und Klarheit in der Argumentation unerlässlich.
- Präsentationskompetenz – Eine Leistung muss (sollte) ansprechend verpackt und gut sichtbar platziert werden.

Und natürlich ...

- Führungskompetenz – Fähigkeiten wie Durchsetzungsvermögen und Entscheidungsstärke. Einer muss „den Hut aufhaben" und Entscheidungen verantworten.
- Umsetzungskompetenz – Alles Reden nützt nichts: Auf Worte müssen Taten folgen!
- Initiative und Durchhaltevermögen – Nach dem Motto „Mühsam ernährt sich das Eichhörnchen" stellt sich ein nachhaltiger, gewünschter Erfolg manchmal erst nach mehreren Anläufen ein. „Dranbleiben!"

Teil I: Mein persönlicher Beitrag

Es liegt in der Sache der Natur, dass wir uns oft mit anstehenden Themen und aktuellen Herausforderungen beschäftigen, die aus dem beruflichen Alltag heraus entstehen. In der Regel geht es um die Steigerung der Kundenzufriedenheit durch zum Beispiel die Optimierung von Strukturen und Prozessen, die Verbesserung der Produktqualität und die Weiterentwicklung der Kundenbindungsprogramme. Das Spannende daran ist: Im Fokus stehen immer „die Anderen". Bevor wir jedoch in Interaktion mit anderen treten, lohnt es sich, den Blick auch einmal auf sich selbst zu richten. Was für Ansprüche haben Sie an sich und Ihre berufliche Aufgabe? Mit welcher Haltung üben Sie Ihre Tätigkeit aus? Was ist Ihr aktiver Beitrag zum großen Ganzen?

Das Prinzip Selbstverantwortung

> Sie bestimmen selbst, in welche Richtung es geht.

Dieses Kapitel ist sicherlich das unbequemste und gleichzeitig das Fundament, wenn Sie Ihre Kunden nachhaltig begeistern wollen.
Kaum ein Unternehmen, das nicht eine „Strategie XY" als großes Ziel ausgerufen hat, die es konsequent zu verfolgen und durchzuführen gilt. Strategieworkshops und werbewirksame Grundsätze der Zusammenarbeit unterstützen den Prozess nach außen und innen. In der Form wird vieles bedient, doch was ist mit dem Engagement jedes einzelnen Mitarbeiters? Was wird in Ihrem Unternehmen dafür getan, dass sich der einzelne Mitarbeiter im Kundenkontakt (unabhängig von Hierarchieebenen und Aufgaben) wirklich mit den Unternehmenszielen und seiner Aufgabe identifiziert? Machen Sie sich als Führungskraft regelmäßig intensive Gedanken, wie Sie Ihre Mitarbeiter individuell „ins Boot holen", um mit Herzblut und Freude

Unternehmensziele zu verfolgen und schließlich im Sinne des Kunden umzusetzen? Oder warten Sie selbst darauf, dass Sie endlich einmal jemand lobt und auf diese Weise motiviert? Was ist Ihr Beitrag zum großen Ganzen?

Der Abgleich mit der Realität zeigt deutlich, dass es sich ein Großteil der Mitarbeiter bei allem Druck, der manchmal im Alltag herrscht, recht bequem eingerichtet hat. Die ewigen, vehementen Forderungen nach „Pauschalrezepten" und „Allround-Erfolgstools", also die Forderung nach dem garantierten Erfolgsrezept mit möglichst wenig eigenem Aufwand, begleiten mich schon über zehn Jahre durch Trainings zu unterschiedlichsten Aufgabenstellungen. Ohne Zweifel gibt es gute Trainings, in denen Mitarbeiter, die regelmäßig im Kundenkontakt stehen, Tools, Kniffe und Gesprächswerkzeuge kennenlernen, die sie bei ihrer täglichen Arbeit unterstützen. Doch das beste Handwerkszeug nützt nichts, wenn wir unsere Hausaufgaben im Hinblick auf unsere eigene Person nicht sorgfältig und selbstkritisch machen oder nicht machen wollen.

„Antennen an!"

Das bedeutet achtsam und selbstkritisch auch auf sich selbst zu schauen – aus meiner Erfahrung eine der am meisten vernachlässigten Aufgaben. Es geht darum, Bewusstsein für das eigene Denken und Handeln zu schaffen!

Unser Selbstverständnis – Selbstreflexion

Bevor wir uns darum kümmern, wie wir unsere Kunden begeistern, also den Fokus auf andere legen, kommen wir nicht darum herum, uns mit uns selbst zu beschäftigen. Unser Selbstverständnis in Bezug auf die eigene berufliche Aufgabe ist der Grundstein allen Handelns. Der persönliche Anspruch an die vom Unternehmen kommunizierten Erwartungen und gesteckten Ziele entscheidet über den Grad des Erfolgs. Vorgegebene Rahmenbedingungen (Interne Strukturen, Abläufe) geben dabei sicherlich die wesentlichen Eckpfeiler vor. Hier gilt es (auch und gerade nach jahrelanger Betriebszugehörigkeit) aktiv hinzuschauen und auch einmal unbequem zu hinterfragen, wo sich Änderungen aus Ihrer Sicht lohnen. Dranbleiben! Gerade eingefahrene Muster und Abläufe können wir realistisch gesehen selten durch einen einzigen Hinweis (und sei er auch noch so wertvoll) verändern. Eine gute Portion Durchhaltevermögen gehört heute in vielen Situationen dazu. Genauso wichtig ist es, die Fakten, die wir nicht ändern können, gelassen hinzunehmen.

Hand aufs Herz
- Welche Rolle und Bedeutung sehen Sie in Ihrer beruflichen Aufgabe?
- Nehmen Sie eher repräsentative Aufgaben wahr, sind Sie Dienstleister oder verkaufen Sie Produkte?
- Können Sie das überhaupt trennen oder ist es nicht eher ein Zusammenspiel aus mehreren Aspekten, das Ihrer Aufgabe heute eine weitreichende, verantwortungsvolle Bedeutung in Zeiten des engen Wettbewerbs beimisst?
- Inwiefern tragen Sie als ein Glied in der Kette zur Wertschöpfung des Unternehmens bei?

Die eigene Einstellung seinen Kunden, Kollegen und Mitarbeitern gegenüber zu überprüfen, gehört zu den entscheidenden Aufgaben, bevor Sie sich Gedanken darüber machen sollten, was Ihre Kunden wohl begeistern könnte. Von Ihnen und Ihrer eigenen Haltung hängt entscheidend ab, was Sie ausstrahlen und welche Stimmung Sie auf Ihre Mitarbeiter, Kollegen und Kunden übertragen.
Seit 2001 misst die US-Beratungsgesellschaft Gallup mit dem Engagement-Index jährlich die Stärke der emotionalen Bindung deutscher Arbeitnehmer an ihren Arbeitgeber. Gallup präsentiert in ihrer aktuellen Studie aus meiner Sicht wieder erschreckende Ergebnisse, die dringenden Handlungsbedarf aufzeigen: Laut dieser Studie zählten im Jahr 2009 gerade einmal 11 % der deutschen Arbeitnehmer zu den engagierten Mitarbeitern im Unternehmen, ca. 66 % verrichten ihren Dienst lediglich nach Vorschrift und ca. 23 % haben bereits innerlich gekündigt. Erschreckend und alarmierend!

Nun könnten wir natürlich wieder in ein Globaljammern verfallen und darauf hinweisen, was alles nicht für uns getan wird. Und dass unsere Führungskräfte oft hinter verschlossenen Bürotüren sitzen, die Bedürfnisse ihrer eigenen Mitarbeiter oft gar nicht kennen und somit auch nicht individuell auf sie eingehen und sie motivieren können. Gleichzeitig, was wäre die Konsequenz, wenn Sie ewig darauf warten, dass Sie jemand von außen motiviert? Was, wenn niemand aktiv auf Sie zukommt, um Sie zu motivieren? Sie selbst haben es mit in der Hand, ob bzw. wie Sie wahrgenommen werden – das gilt intern wie auch extern im Kundenkontakt. Mein Mann würde sagen: „Sie sind ja schon groß!" Sie tragen zum selben Anteil Verantwortung dafür, was bereits gut läuft, und was auf jeden Fall besser werden muss.

Machen Sie es sich selbst leicht. Das fängt bei Ihrer persönlichen Haltung an. Fakt ist: Nur wenn Sie wirklich optimistisch und motiviert sind, werden Sie es schaffen, etwas Dynamisches und Positives auszustrahlen. Eine positive, sympathische Ausstrahlung gilt als Erfolgsfaktor im direkten Kundenkontakt und bringt Ihnen als positiven Nebeneffekt sicherlich ein angenehmes Echo vom Kunden. So gelingt es Ihnen einfacher, Ihr Umfeld für sich oder Ihr Produkt bzw. Ihre Dienstleistung zu begeistern. Ich rede dabei nicht von einem aufgesetzten Lächeln mit einem einstudierten Begrüßungssatz, sondern von der echten, wertschätzenden Überzeugung, gemeinsam etwas Positives im Sinne des Unternehmens bzw. für Ihre Kunden zu bewegen und zu erreichen. Wirken Sie dagegen pessimistisch oder gleichgültig, Hand aufs Herz, wie soll da auch nur ansatzweise Begeisterung aufkommen?

Beispiel:
Der Marktleiter einer Lebensmittelkette nutzte im Sommer jede Gelegenheit, um auf der Elbe Wasserski zu fahren. Über einen Zeitraum von drei Monaten war der Marktleiter kaum im Laden präsent. Als Chef war er der Meinung, dass er sich das ja wohl rausnehmen könne. Schließlich habe er ja dafür seine Leute, die den Laden in der Zeit „schmeißen" sollten. Grundsätzlich spricht sicherlich nichts dagegen, als Chef Aufgaben an seine Mitarbeiter

zu delegieren – ganz im Gegenteil. Gleichzeitig darf auf keinen Fall bei den Mitarbeitern der Eindruck entstehen, dass dem Chef „alles egal" ist. Das hat unter Umständen fatale Folgen.

In diesem Fall fühlten sich die Mitarbeiter von ihrem Chef alleingelassen. Das klare Signal nach außen war: „Der Laden und wir sind dem Chef nicht so wichtig." Das Führen seines Verkaufsteams wurde einfach ausgesetzt und auf meine Nachfrage hin bestätigte der Marktleiter: „Zum Führen habe ich ehrlich gesagt gar keine Lust, die Mannschaft soll einfach funktionieren!" Wie ein Schiff ohne Kapitän hatte das zur Folge, dass sich der Laden bzw. das alleingelassene Mitarbeiterteam langsam „verselbstständigte": Die Waren wurden nicht mehr sorgfältig etikettiert und verräumt, Preise oft verspätet aktualisiert. Spätestens an der Kasse entstand für den Kunden der Eindruck, dass man lustlos „abkassiert" wurde. In der Konsequenz brach schon bald der Umsatz stark ein. Letztlich spiegelte sich die (mangelnde) Einstellung des Chefs gegenüber seinem Laden bzw. seinen Kunden und Mitarbeitern deutlich in den schlechten Zahlen der vergangenen Wochen wider. Eine erschreckend natürliche Entwicklung. Wenn der Chef schon wenig Engagement zeigt, wie soll sich da Identifikation und Herzblut bei den Verkäufern im Laden entwickeln, geschweige denn auf die Kunden übertragen?

Hand aufs Herz

- Mit welcher Motivation starten Sie in den Berufsalltag?
- Wie aktiv bringen Sie sich ein?
- Wodurch sind Sie ein Vorbild für andere?
- Wie gehen Sie professionell mit einer persönlich schlechten Tagesform/Phase um?
- Wodurch gewährleisten Sie eine notwendige Achtsamkeit, ohne dauerhaft in Routine und Gleichgültigkeit zu verfallen?
- Welche Ziele im Kundenkontakt haben Sie sich gesteckt, heute, morgen und übermorgen …? Jeden Monat, jede Woche, jeden Tag aufs Neue?

„Antennen an!"
Befindet sich etwas in Schieflage, hinterfragen Sie zunächst sich selbst („Was habe ich dazu beigetragen?"), bevor Sie die Lösung oder Verantwortung ausschließlich bei anderen suchen („War ja klar, dass der wieder so einen unqualifizierten Kommentar bringen musste!")!

Manchmal kann der Kunde gar nicht anders, weil wir durch die Art und Weise, wie wir (körper-)sprachlich auf den Kunden zugegangen sind, eine negative Reaktion geradezu herausgefordert haben („Echo-Effekt" = wie es in den Wald hinein schallt, so schallt es heraus!). Übertragen auf die Kundensituation bedeutet das, dass es auch für einen „schwierigen" Kunden schwer ist, Ihnen unfreundlich gegenüberzutreten, sofern Sie offensichtlich in freundlicher Absicht auf ihn zugehen.

Offenheit als grundsätzliche Einstellung

Sind Sie ein Menschenfreund? Lieben Sie die bunte Vielfalt unterschiedlichster Menschentypen mit ihren persönlichen, individuellen Ecken und Kanten? Das ist sicherlich eine wesentliche Grundvoraussetzung, wenn Sie sich einen Beruf ausgesucht haben, in dem der Umgang mit dem Menschen im Fokus steht. Für denjenigen, der sich bewusst für den Beruf eines Verkäufers oder eine anleitende, lehrende berufliche Aufgabe entschieden hat, sollte das Eingehen auf unterschiedliche Typen eine Selbstverständlichkeit und das Zufriedenstellen jedes Kunden ein echter Ansporn sein.

Eine echte Herausforderung ist der professionelle Umgang mit dem Kunden auf jeden Fall, vor allem für diejenigen, die sich bewusst für einen Beruf entschieden haben, bei dem zunächst die Lösung einer technischen Aufgabenstellung im Vordergrund steht. Gerade Mitarbeitern in technischen Berufen ist oft gar nicht bewusst, dass auch sie jeden Tag wichtige Kontakte mit Kunden haben, durch die sie aufgrund ihrer Art und Weise, wie sie mit dem Kunden umgehen, über eine langfristige Kundenbindung mit entscheiden. Unabhängig davon: Wer kann sich schon frei davon machen, dass er alle Kunden gleich behandelt, wirklich gleich?

Beispiel:
> Herr Griebel, der Abteilungsleiter eines großen Fachgeschäfts für Elektroartikel, erhielt regelmäßig Anrufe von einem Kunden, der schon seit langer Zeit für Ärger sorgte. Der Kunde Herr Stein war bekannt dafür, dass er laufend Kleinigkeiten reklamierte und immer etwas zum Meckern hatte. Er war im Umgang einfach anstrengend.
>
> Hand aufs Herz, wer kann schon wirklich von sich sagen, dass er diesen Kunden vollkommen positiv gegenüber tritt?
>
> Genau an der Stelle trennt sich die Spreu vom Weizen! Professionalität bedeutet, gerade denen, die einem nicht liegen, die Hand entgegenzustrecken und sich um sie zu bemühen. Kundenzufriedenheit oder langfristige Kundenbeziehungen bei Kunden zu erzeugen, die uns wohlgesonnen sind, ist kein besonderer Erfolg.
>
> Nachdem Herr Griebel wochenlang die ewigen Nörgeleien des Kunden Stein heruntergeschluckt hatte, platzte ihm eines Tages endgültig der Kragen: „Wenn Ihnen alles bei uns nicht passt, warum kaufen Sie dann immer wieder bei uns?", schrie er den Kunden empört an ...

Die Realität zeigt: Jeder von uns kennt Kunden, die etwas in einem „anticken". Es gibt immer die, die wir lieben, die uns sympathisch sind und mit denen wir auf einer Wellenlänge sind. Es wird aber auch immer die geben, die uns nicht liegen, die wir privat niemals in unserem Umfeld haben wollten, aber die nun mal unsere Kunden sind – „Gott sei Dank!"

Hier lohnt es sich, einmal genauer hinzuschauen. Auch wenn es auf den ersten Blick nicht so scheint: Irgendetwas spricht anscheinend für Sie oder Ihr Unternehmen, warum sonst kommt dieser Kunde immer wieder und kauft, obwohl er scheinbar immer etwas auszusetzen hat? Nach dem Motto „Achtung, Kunde droht mit Auftrag!" seien Sie dankbar. Ein Segen, solange es Kunden gibt, die sich – zunächst vielleicht sogar ohne Ihr Dazutun – aus eigenem Antrieb heraus für das Leistungsangebot Ihres Unternehmens interessieren, auch wenn sie scheinbar immer etwas zum Nörgeln haben.

Hand aufs Herz

- Machen Sie Unterschiede zwischen Kunden, die Ihnen liegen, und Kunden, die Sie privat lieber nicht in Ihrem Umfeld hätten?
- Welche Chance geben Sie Ihrem „Lieblingskunden", sich von Ihnen oder Ihrem Produkt bzw. Ihrer Dienstleistung (wieder) überzeugen zu lassen?
- Wie offen sind Sie das letzte Mal auf Ihren Kunden zugegangen, mit dem Sie schon negative Erfahrungen gemacht haben?
- Wie viel Raum/Redeanteil/Gelegenheiten/Chancen haben Sie *diesem* Kunden wirklich aktiv gegeben, um seine Sicht der Dinge zu schildern oder die Situation zu klären?
- Was können Sie konkret tun, damit sich Ihr Kunde trotz allem am Ende bei Ihnen wohlfühlt, ja vielleicht sogar Ihnen für Ihre Mühe dankt?

Tipp:
Legen Sie sich wertschätzende (und gleichzeitig treffende) Kosenamen für Ihre schwierigsten Kunden zu! Es fällt einem erfahrungsgemäß leichter, einen „Brummelpott" zu bedienen oder zu beraten, als sich mit dem ewigen Nörgler auseinanderzusetzen. Probieren Sie es aus, seien Sie erfinderisch!
Machen Sie sich bewusst, dass Sie stets lediglich eine Momentaufnahme erleben. Dieser Kunde verhält sich „heute, hier und jetzt" auf eine bestimmte Art und Weise, aber er hat sicherlich auch andere Seiten. Führen Sie sich vor Augen, dass auch Sie in verschiedenen Momenten gelassener oder angespannter sind und somit von den jeweiligen Personen in Ihrem Umfeld unterschiedlich wahrgenommen und erlebt werden.

Selbstmotivation

Es ist ein Märchen, dass wir uns innerlich zurücklehnen können, weil ganz bestimmt irgendwann jemand aus dem Nichts auftaucht, uns an die Hand nimmt, motiviert und immer wieder neu begeistert. Die bewusste Erkenntnis, dass es niemand für uns tun wird, macht es zugegeben nicht einfacher! Aber sie sollte uns motivieren, aktiv unser (Arbeits-)Leben zu gestalten. Eine typische Alltagssituation für viele ist: Bei allem spürbaren (Zeit-)Druck bleibt kaum Zeit für die besondere Wertschät-

zung ihrer Arbeit. Solange alles läuft, gibt es oft kein Lob. Selbst wenn es grundsätzlich Anerkennung für ihre Arbeitsleistung gibt, so wird sie doch oft nicht ausgesprochen. Sie kommt also nicht bei ihnen an. Was bedeutet das nun in der Konsequenz? Können Sie sich deswegen zurücklehnen und darauf warten, dass Sie jemand von außen motiviert? Es ist in der Tat erst einmal ausschließlich Ihre Sache. Sie haben es selbst in der Hand. Sie haben jeden Tag aufs Neue die Gelegenheit, Ihren Berufsalltag – unter den vorgegebenen Rahmenbedingungen – selbst mitzugestalten.
Professionalität bedeutet, sich auch losgelöst von der Anerkennung anderer weiterhin für Ihre Kunden einzubringen und zu engagieren. Jeder Mensch benötigt eine gesunde Portion Anerkennung und Wertschätzung.
Sorgen Sie proaktiv dafür, dass Sie stets ausreichend davon erhalten!

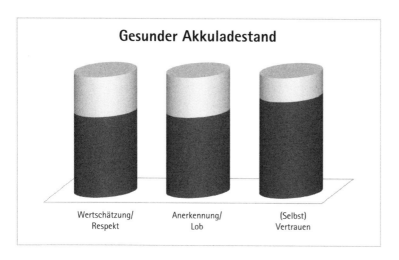

Zweitrangig ist allerdings dabei, woher bzw. durch wen Sie diese bekommen. Entscheidend ist, dass Sie stets ein Mindestmaß davon erhalten oder sich alternativ an anderer Stelle holen. Das heißt konkret: Selbst wenn Sie von Ihrem Vorgesetzten kein Lob erhalten, kann es in Ordnung für Sie sein, sofern Sie entsprechende Anerkennung durch Ihre Kunden oder Kollegen erhalten. Bekommen Sie von keiner Seite spürbare Wertschätzung, dann fordern Sie sie aktiv ein, fragen Sie nach, wie zufrieden jemand mit Ihrer Arbeitsleistung ist. Aufgrund der Rückmeldung von anderen können Sie dann wieder engagiert und selbstbewusst an die nächste Aufgabe herangehen.

Durchhaltevermögen wird belohnt, es ist immer eine Frage der Zeit: Über Ihr engagiertes Handeln werden Sie in der Konsequenz auch wieder Wertschätzung und Anerkennung erhalten. Das kann sowohl von Vorgesetzten, als auch von Kollegen oder oft auch von Ihren Kunden selbst sein!

Sie treffen jeden Tag die Entscheidung neu, ob Sie sich passiv dem Alltagsstrudel hingeben oder ob Sie sich und somit in der Konsequenz Ihren Kunden das Leben leichter, angenehmer und erfolgreicher machen.

Tipp:
Machen Sie sich bewusst Gedanken, was diese Woche/diesen Monat ein Anreiz für Sie ist, Kunden von sich bzw. Ihrem Produkt oder Ihrer Dienstleistung zu überzeugen.

Rückgrat zeigen

Eine wichtige persönliche Kompetenz ist es heute, sich in unangenehmen Situationen „gerade zu machen", das heißt, Stellung zu beziehen und präsent zu sein. Auch einmal notwendige Entscheidungen zu treffen, bei denen Sie sonst nachgefragt hätten. In meinen Trainings und auch auf Mitfahrten zu den unterschiedlichsten Unternehmen höre ich immer wieder von ungeklärten Situationen, die Mitarbeiter und Kunden gleichermaßen belasten.

Beispiel:
Ein Kunde (Geschäftsführer eines Textilgeschäftes) beschwert sich bei dem für ihn zuständigen Handwerker über kleine, sichtbare Kratzer im Rahmen der neu eingebauten, grün lackierten Fenster. Ohne wirklich zu wissen, ob die eigenen Leute den Schaden wirklich verursacht haben, ist hier schnelles, unkompliziertes Handeln,

also eine Entscheidung, – auch ohne großes, vorheriges Abklären mit dem Vorgesetzten – gefragt. Durch das offene Eingestehen einer Panne und das umgehende Nachbessern mit einem entsprechenden Lackstift entstehen dem Unternehmen sicherlich unwesentliche Kosten und Unannehmlichkeiten im Vergleich zu dem Risiko, den Kunden zu verärgern und in letzter Konsequenz gar zu verlieren. Indem Sie nicht nur die geforderte Stelle nachbessern, sondern dem Kunden in diesem Beispiel den Lackstift für spätere eventuell einmal anfallende Nachbesserungen ganz überlassen, machen Sie dem Kunden sogar noch eine Freude. Solche Entscheidungen sind zugegeben mit (wenn auch geringen) Kosten verbunden, aber diese Investition lohnt sich, sofern Sie vor Ort als Mitarbeiter eine unkomplizierte Entscheidung im Sinne des Kunden treffen. Hier zählt der offene Umgang mit einer Reklamation und das zügige, sichtbare Handeln als wichtiges Signal für den Kunden: „Es ist mir wichtig, dass Du zufrieden bist!"!

Schwierig ist es oft auch, wenn Angst oder eine zu starke Kontrolle eigenständiges Handeln des Mitarbeiters verhindert. Auf meine Nachfrage hin „Aus welchem Grund haben Sie das noch nicht dem Kunden oder Vorgesetzten gegenüber offen angesprochen?", erhielt ich oft dieselbe Antwort: „Ich bin doch nicht verrückt, ich werde mich doch nicht freiwillig in die Schusslinie begeben." Oder „Ich kann es mir nicht leisten, anzuecken!"
Diese Angst, etwas „Falsches" zu machen, zieht sich aus meiner Erfahrung mittlerweile durch alle Ebenen. Letztlich führt sie dazu, dass bestimmte Themen gar nicht angesprochen werden. Das bedeutet schließlich, dass diese eventuell entscheidenden Knackpunkte Ihres Unternehmens auch nicht angegangen und im Sinne des Kunden optimiert werden können. Vorhandenes Potential kann dadurch nicht ausgeschöpft werden. Das Verrückte ist, dass sich auf der anderen Seite die Führungskräfte oft mehr Mitarbeiter mit Rückgrat wünschen. Zahlreiche Führungskräfte versicherten mir glaubhaft, dass sie sich von einigen ihrer Mitarbeiter „mehr Kreuz" wünschten. Gleichzeitig senden sie ein vollkommen gegensätzliches Signal nach außen, indem sie zum Beispiel sehr stark Kontrollinstrumente einsetzen. Was für ein trauriges Missverständnis! „Sofern mein Mitarbeiter aus

seiner fachlichen Sicht argumentieren und eine Entscheidung vertreten kann, so trage ich die Entscheidung auf jeden Fall mit!", so der Inhaber eines mittelständischen Unternehmens. Leider hatten seine Mitarbeiter eher den Eindruck, dass sich ihr Chef „Ja-Sager" als Mitarbeiter wünschte, weil er oft sehr dominant nach außen hin auftrat.

Tipp:
Sprechen Sie Punkte, die Ihnen Bauchschmerzen machen, auch Vorgesetzten gegenüber offen an! Argumentieren Sie ruhig und sachlich. Das gemeinsame Ziel (z.B. die Kundenzufriedenheit) sollte dabei stets präsent sein.

Wertschätzung leben!

An dieser Stelle ein Hinweis, der aus meiner Sicht ein wesentlicher Schlüssel zum Erfolg ist: Es lohnt sich, sich einen Moment Zeit zu nehmen und bewusst über Ihre Kunden nachzudenken. Wer sind alles Ihre Kunden? Ich spreche nicht nur von den externen Kunden, sondern es geht um Ihre Kollegen oder Mitarbeiter – die internen Kunden. Meine Erfahrung zeigt ein deutliches Bild: Es gibt überall gute und schlechte Mitarbeiter und zwar unabhängig von Geschlecht, Herkunft, Branchen, Hierarchieebenen und Aufgaben. Es gibt Manager, die ihre Aufgabe engagiert und mit einem hohen Maß an Verantwortung wahrnehmen, genauso wie Manager, die sich in ihren Büros verschanzen und deren Führungsstil mehr als fragwürdig ist. Es gibt Auszubildende und Praktikanten, die lustlos und unachtsam ihre ersten Aufgaben in einem Unternehmen erledigen und es gibt ebenso die Praktikanten, die jeder vom Fleck weg bei sich anstellen möchte, weil sie vom ersten Moment an mit Herzblut und voller Tatendrang bei der Sache sind. Der Vorstand wie auch die Frau am Empfang sind Mitarbeiter, die jeweils ihren wertvollen Beitrag für das große Ganze des Unternehmens leisten. Der weit verbreitete Ausspruch „Die da oben" oder „Die da unten" suggeriert fatalerweise bereits eine unterschiedliche Wertigkeit von Aufgaben bzw. den ausführenden Personen. Was für ein falsches Bild!

> Jedes Glied der Kette ist gleich viel wert!

Leider ist vielen nicht bewusst, dass das jeweilige Unternehmen immer nur so stark wie das schwächste Glied der Kette ist. Eine Investition in die Gestaltung einer angenehmen Atmosphäre an allen Arbeitsplätzen und eine bewusste wertschätzende Haltung jedem gegenüber zahlen sich am Ende durch ein professionelles und positives Gesamtbild aus. Wann immer Mitarbeiter eines Unternehmens mit Kunden in Kontakt kommen, spielen exakt dieselben Faktoren eine Rolle. Die Frau am Empfang oder an der Kasse trägt genauso dazu bei, dass sich ein Kunde in einem Unternehmen wohlfühlt, wie der Abteilungs- oder Filialleiter, jeder auf seine Weise an anderer Stelle im Unternehmen.

Meine persönlichen Eindrücke und Erlebnisse in zahlreichen Unternehmen unterschiedlichster Branchen spiegeln ein anderes Bild der Realität wieder. Es steht aus meiner Sicht für einen der gravierendsten Fehler, den Menschen in Unternehmen machen, nämlich die fehlende Wertschätzung gegenüber jedem Einzelnen. Die Wertigkeit der einzelnen Ebenen bzw. Mitarbeiter eines Unternehmens lassen sich oft sogar schon im Äußeren als auch in der Sprache und im Umgang miteinander ablesen. Jedem Mitarbeiter eines Unternehmens wird – ob bewusst oder unbewusst – auf vielfältige Weise deutlich gezeigt, wie viel (oder wie wenig) er dem Unternehmen wert ist.

Beispiel:
Gepflegte Räumlichkeiten der Führungsetagen mit gemütlichen Sesseln oder Stühlen mit hochwertigen Lederbezügen sind in vielen Unternehmen eine Selbstverständlichkeit. Schließlich muss man ja nach außen auch etwas repräsentieren.
Was aber ist mit dem Abteilungsleiter eine Ebene darunter? Auch hier gibt es oft noch ein eigenes kleines Büro, welches allerdings deutlich spärlicher möbliert ist und erschreckenderweise manchmal nicht einmal ein Fenster hat. Finden in diesem Raum keine Gespräche statt? Sind es ausschließlich interne Gespräche? Sind die Mitarbeiter weniger wert?

Zugegeben, das ist ein bisschen zugespitzt formuliert, um den Blick in Bezug auf Ihr Arbeitsumfeld ein wenig zu schärfen. Doch es geht mir nicht nur darum, dass sich Führungskräfte intern angesprochen fühlen, sondern Gleiches gilt selbstverständlich auch für Ihre Situationen im externen Kundenkontakt (Hat mein Kunde auch die Möglichkeit, genauso gemütlich zu sitzen wie ich usw.).

Nehmen Sie sich bewusst einen Augenblick Zeit und betrachten Sie die Fakten so objektiv wie möglich. Wie sehr achten Sie darauf, dass sich jeder – intern genauso wie im externen Kundenkontakt – in der gleichen Weise wertschätzend behandelt fühlen kann? Wie begründet eine Führungskraft beispielsweise, dass es eine klare Anweisung für Mitarbeiter gibt, ihre Arbeitsplätze absolut frei von persönlichen Gegenständen zu halten, währenddessen sie selbst gleichzeitig in ihrem Büro zahlreiche, persönliche Fotos der Familie auf dem Schreibtisch und an der Wand hängen hat?

Dass es eine ungleiche Haltung verschiedenen Menschen gegenüber gibt, zeigt sich neben dem Äußeren auch in der Sprache. „Ich bin ja sowieso das letzte Glied der Kette!" ist eine typische Äußerung, die ich sowohl von Kundendienstmitarbeitern als auch Empfangsmitarbeitern und anderen immer wieder höre. Traurig! Wer solche Sätze sagt, der wird kaum eine positive, engagierte Ausstrahlung auf den Kunden haben (können). Es lohnt sich also genau hinzuhören, denn solche Sätze sind wichtige Hinweise darauf, dass jemand offensichtlich zu wenig Wertschätzung für seine Arbeit erhält.

Hand aufs Herz
Was wäre Ihr Unternehmen ohne Ihre Bürofee, Ihre Putzperle oder den Kundendienstmitarbeiter, der den direktesten Draht zu Ihrem Kunden hat???

Unabhängig davon, ob Sie Führungskraft oder Mitarbeiter sind: Wenn Sie es schaffen, mit dieser wertschätzenden Haltung

Ihre eigene berufliche Aufgabe zu leben, dann ist der Grundstein dafür gelegt, das gesamte Potential Ihrer Kunden auszuschöpfen - intern wie extern!

▌ Wertschätzung schafft Wertschöpfung!

Oft ist ein wirklicher Paradigmenwechsel in Unternehmen gefordert. Es ist auch Aufgabe der Unternehmen, den Mitarbeitern aller Ebenen (!) wichtige Werkzeuge zur Verfügung zu stellen. Ein nachahmenswertes Beispiel erzählte mir ein Kollege aus dem Bereich der Hotellerie. Die Zimmermädchen eines gehobenen Hotels hatten als Grundlage für ihre Arbeit eine jeweils tagesaktuelle Liste mit den entsprechenden Zimmernummern *und* den dazugehörigen Namen der Gäste. Auf diese Weise wurde sichergestellt, dass auch das Zimmermädchen als letztes Glied der Kette den Gast beim Betreten des Zimmers stets persönlich, also mit seinem Namen, ansprechen konnte. Das hinterließ einen professionellen Eindruck und gefiel den Gästen. In der Konsequenz erhielten die Zimmermädchen durch die erfreuten Kunden durchweg positive Resonanz. Neben dem motivierenden Effekt zahlte sich die Wertschätzung intern wie extern aus: Die begeisterten Kunden gaben oft ein üppiges Trinkgeld und kamen gerne wieder.

Hand aufs Herz

- Wie viel Wertschätzung bringen Sie Ihren Kunden, Vorgesetzten und Kollegen gegenüber mit?
- Schätzen Sie die Arbeit aller Mitarbeiter, Kollegen und Vorgesetzten gleich – unabhängig von deren Position und Aufgabe?

Jeder Arbeitsplatz ist an bestimmte Rahmenbedingungen (Arbeits-/Öffnungszeiten, Zielvorgaben, interne Abläufe usw.) gebunden. Das verleitet manchmal dazu, dass wir es uns ein wenig bequem machen hinter der vorgegebenen Struktur. Nach dem Motto „Mehr kann ich da nicht tun, mir sind die Hände gebunden. Das ist bei uns so Vorschrift!" oder „Mich hat der

Chef noch nie gelobt, also weiß er meine Arbeitsleistung gar nicht zu schätzen! Was soll ich mich da unnötig anstrengen!"
Mal angenommen, die Wertschätzung für Sie ist vorhanden und wurde nur bisher Ihnen gegenüber nie ausgesprochen?! Selbst wenn es ohne Frage ein Versäumnis des Vorgesetzten ist: Es geht nicht um Schuld. Malen Sie sich einfach die Konsequenzen aus, wenn ein Mitarbeiter nur noch Dienst nach Vorschrift macht, weil er sich nicht gewertschätzt fühlt, oder irgendwie im Strom mitschwimmt, weil er Angst hat anzuecken. Wie kann so ein Mitarbeiter Kunden begeistern?

> Handeln Sie proaktiv! Sprechen Sie bei Kollegen und Vorgesetzten wichtige Punkte offen an, wann immer Sie im Kontakt miteinander sind.

Fordern Sie Dinge ein, die aus Ihrer Sicht fehlen. Machen Sie sich stark dafür, sprechen Sie für Sie wichtige Themen offen an. Unter Umständen weiß Ihr Vorgesetzter oder Kollege gar nicht um Ihren Ärger oder Ihre Sorgen! Er geht vielleicht davon aus, dass Sie wissen, dass er Ihre Arbeit sehr schätzt.

Auch im Kontakt mit Ihrem Kunden lohnt es sich, lieber einmal mehr etwas Positives auszusprechen und Ihren Kunden zu loben, bevor er davon ausgeht, dass er Ihnen nicht so wichtig ist. Ihr Wettbewerber freut sich ... Was oft selbstverständlich scheint, führt unausgesprochen häufig zu Missverständnissen und Enttäuschungen – ein unnötiges Risiko, einen Kunden zu verlieren.

Das Eigenlob

Es ist ein nachvollziehbarer Wunsch, dass uns jemand regelmäßig dafür lobt, was für einen guten Job wir machen. Aus welchem Grund aber sollte uns jemand loben? Es ist intern genau das Gleiche wie bei den Kunden extern: Solange alles gut läuft, wird es als selbstverständlich hingenommen! Es gibt scheinbar keinen Grund, hier etwas zu ändern oder zu sagen. Ich sehe das vollkommen anders, da jeder, wirklich jeder Mensch, eine Grunddosis Anerkennung, Respekt und Wertschätzung benö-

tigt, um souverän und gelassen durchs (Berufs-)Leben zu gehen. Lob tut einfach gut!
Was bedeutet das nun für Sie konkret zum Thema Selbstverantwortung?

Tipp:
1. Wenn Sie lange Zeit niemand für Ihre gute Arbeit gelobt hat, seien Sie mutig und fordern Sie ein Lob ruhig aktiv ein! Das gilt für Vorgesetzte (die aus meiner Sicht tendenziell deutlich mehr loben könnten!) wie für Ihre Kollegen und auch Ihre Kunden.
2. Feiern Sie sich selbst! Ja, Sie haben richtig gelesen: Zelebrieren Sie regelrecht zuhause Ihre Erfolge. Tun Sie sich bewusst etwas Gutes. Schaffen Sie regelmäßig konkrete Anlässe, um sich selbst bewusst zu machen, was Sie so alles für Ihr Unternehmen bzw. Ihre Kunden leisten. Ein kleines Glas Sekt, die Lieblingsschokolade oder eine bewusste Auszeit nur für Sie – alles ist erlaubt, solange es etwas Besonderes für Sie ist. Gönnen Sie sich etwas: Sie haben es sich verdient!

Der „Echo-Effekt"

Der „Echo-Effekt" besagt, dass im Umgang mit anderen Menschen immer so etwas wie ein Reaktionszyklus stattfindet. Das bedeutet, dass auf eine Aktion immer eine Reaktion folgt. An diese Reaktion schließt sich dann wiederum die Reaktion auf die Reaktion an und so geht es immer weiter. Das heißt in der Konsequenz: Ich nehme durch meine positive oder negative Art aktiv auf das Kundengespräch Einfluss!

Beispiel:
Der Verkäufer eines Fachgeschäftes für Bürobedarf war bereits zweimal von einem immer unter Zeitdruck stehenden, ungeduldigen Stammkunden angeschnauzt worden. Als dieser Kunde den Laden beim nächsten Mal betrat, gelang es dem Verkäufer nicht, sein „Genervtsein" vor dem Kunden zu verbergen. Einmal dürfen Sie raten, wie das dritte Kundengespräch zwischen den beiden verlief ... Genau – auch dieses Mal gerieten sie irgendwie wieder aneinander!

Professionell wäre es, gerade auf Grund der bereits vorher gemachten negativen Erfahrungen bewusst offen auf den Kunden zuzugehen, nach dem Motto: „Neues Spiel, neues Glück! Mal sehen, wie ich es heute schaffe, dass Herr Maier am Ende zufrieden hier heraus geht – und mir vielleicht sogar für meine Beratung dankt!"

Führen Sie sich regelmäßig konkret vor Augen, was Ihr aktiver Beitrag für einen positiven Kundenkontakt ist.

Ein weiterer Aspekt, dem ich in aller Regelmäßigkeit begegne: Erstaunlicherweise erlebe ich immer wieder tolle Mitarbeiter, denen gar nicht bewusst ist, was sie bereits alles im Unternehmens- bzw. Kunden-Sinne leisten. Auf meine Nachfrage hin ist vieles für sie einfach selbstverständlich, selbst wenn die Beratungsleistung über das Vertragliche hinausgeht. Das führt in der Konsequenz dazu, dass auch in ihrer (Körper-)Sprache alles ganz selbstverständlich und normal ist. Ihre Ausstrahlung ist absolut neutral – wie sollen da eine besonders positive Beziehung oder Begeisterung beim Kunden aufkommen? Mal abgesehen davon, dass dadurch ein erbrachter Mehrwert einfach unter den Tisch fällt, statt klar kommuniziert und so dem Kunden bewusst vor Augen geführt zu werden.

Tipp:
Führen Sie sich immer wieder konkret vor Augen, was Sie alles für Ihr Unternehmen bzw. Ihre Kunden leisten. Mit dem Bewusstsein des eigenen Wertes steigt unser eigenes Selbstwertgefühl und beeinflusst unsere Stimmung positiv.

Diese positive innere Haltung drückt sich immer auch nach außen aus. Eine zufriedene Einstellung macht eine positive (Körper-)Sprache und überträgt sich in der Konsequenz ganz sicher auch auf Ihre Kunden. Ein Kollege von mir legt seinen Teilnehmern im Training an dieser Stelle immer folgenden **Tipp** ans Herz:

„LMAA! ☺ ... - Lächle mehr als andere!"

Ich rede an dieser Stelle selbstverständlich ausdrücklich von einem aus dem Inneren kommenden, echten Lächeln und nicht von einem überzogenen, künstlichen Grinsen, das als reine Gesprächstechnik taktisch eingesetzt wird!

> Authentizität geht eindeutig vor Technik. Alles andere wäre nur unprofessionell und trüge ganz sicher auch nicht zur Kundenbindung bei.

Sie kennen das: Manchmal können wir es nicht genau an einer Sache festmachen, aber wir haben das ungute Gefühl, dass etwas nicht stimmt. Wir nehmen jemandem etwas nicht ab. Das Echo wird in logischer Konsequenz auch eher gequält ausfallen. Schwierig, denn für ein erfolgreiches Kundengespräch benötigen wir eine ehrliche, gute Kundenbeziehung – also ein besonders positives Echo. Das kann ich nur dann zu Recht erwarten, wenn ich auch positiv „in den Wald hineingerufen" habe!

Hand aufs Herz

- Was tun Sie zurzeit dafür, dass Ihr Umfeld eine echte Chance hat, nachhaltig begeistert zu sein?
- Wie unterstützen Sie Ihre Mitarbeiter/Kunden/Kollegen konkret?
- Wodurch stellen Sie sicher, dass Ihre Mitarbeiter ihr gesamtes Potential entfalten? 100 Prozent geben? Mit Herzblut dabei sind?
- Wann haben Sie das letzte Mal gelobt und etwas zur positiven Arbeitsatmosphäre beigetragen?
- Woran kann der Kunde Ihre Offenheit und Ihr Engagement erkennen?
- Wie offen agiere ich wirklich in Kontakt mit den Kunden, die mir nicht liegen, die mich nerven oder über die ich mich ärgere?

„Antennen an!"

1. Stimmen Sie sich bewusst jeden Tag aufs Neue positiv ein! Machen Sie sich klar: „Ich bin für mich und mein Handeln selbst verantwortlich. Ich bestimme, wie ich die Dinge bewerte, die mir bereits morgens begegnen." Sie selbst entscheiden, ob Sie über den Stau jammern oder ob Sie das Beste daraus machen. Sie haben die Wahl! Jeden Tag neu!

2. Sobald Sie an Ihrem Arbeitsplatz angekommen sind, fragen Sie sich konkret, was Ihnen heute Morgen bereits Positives begegnet ist. Das klingt vielleicht erst einmal ungewöhnlich, aber wenn Sie es aktiv ausprobieren, werden Sie staunen, welche angenehmen, netten, schönen oder einfach positiven Dinge uns manchmal schon zum Arbeitsbeginn begegnet sind, ohne dass wir sie bisher wahrgenommen und als positiv erlebt haben. Bewusst erinnert stimmen uns diese kleinen Momente heiter und sorgen auf diese Weise für die entscheidende, innere Haltung.

Tipp:
Suchen Sie nicht nur nach den großen, positiven Momenten. Oft ergeben sich kleine, schöne Situationen auf dem Weg zur Arbeit, die wir bisher bewusst gar nicht wahrgenommen haben.

Auch der fertige Kaffee, der vielleicht jeden Morgen seit Jahren wie selbstverständlich für Sie bereit steht, das tägliche Lächeln der Empfangsfrau oder der kecke Spruch des Pförtners können solche Aufhänger sein.

Nicht jeder Tag läuft gut, aber ich kann jeden Tag neu beginnen!

Der schwarze Peter

Kennen Sie das „Schwarzer-Peter-Prinzip"? Na klar! Ob bewusst oder unbewusst: Es ist immer einfacher, sich auf andere zu konzentrieren und dort Fehler oder Schuldige zu suchen, als bei sich selbst anzufangen. Einer muss die Schuld schließlich haben, oder? Es fühlt sich ja auch so gut an, wenn wir nicht die Schuld für etwas haben. Zugegeben, häufig sind die Rahmenbedingungen im Arbeitsumfeld nicht optimal, wahrscheinlich müssen Sie auch ständig unter Zeitdruck arbeiten und womöglich hat Sie Ihr Kollege im Stich gelassen. Ach ja, und die Kunden sind auch nicht mehr das, was sie mal waren ... Aber welchen Sinn macht es, sich auf all das zu fokussieren, was gerade

nicht läuft, anstatt darauf zu schauen, wie es besser gelöst werden kann? Verschwendete Energie!
Ebenso hinderlich und mindestens genauso beliebt ist die häufige sinnlose Diskussion darum, wer im Recht ist. Mal abgesehen von berechtigten Diskussionen zu diesem Thema, in denen es um rechtliche Ansprüche geht, drehen sich solche Gespräche eher im Kreis. **Professionelles Denken und Handeln hat stets die förderlichen Aspekte im Blick.** Das bedeutet, genaues Hinhören, woher die Bauchschmerzen Ihres Kunden kommen, und sich darauf zu konzentrieren, wie Sie die Situation im Kunden-Sinne am besten lösen, statt immer auf bereits schiefgegangene Punkte zu schauen und sich daran festzubeißen, wer der Hauptschuldige ist. In der Konsequenz bedeutet es, die Lösungsorientierung in Anwesenheit des Kunden in den Vordergrund zu stellen und hinter den Kulissen gegebenenfalls in einem Vier-Augen-Gespräch nach Ursachen zu forschen und gemeinsam zu klären, wie dieser Fehler zukünftig im Sinne aller vermieden werden kann. Vorwärtsgerichtetes Arbeiten ist hier gefragt.

Work-life-balance

Heutzutage stehen sowohl Mitarbeiter als auch Führungskräfte oft unter Dauerstrom. Das fängt an bei der ständigen Erreichbarkeit dank Handys, Blackberrys & Co und geht über andauernde Überforderung („Herr Meier, Sie übernehmen vorübergehend auch das Gebiet Süd Ihres ehemaligen Kollegen") bis hin zu zahlreichen Überstunden. Der persönliche Akku ist oft fast leer.
Zeit geschweige denn die Akzeptanz für private Themen der Mitarbeiter und Führungskräfte untereinander bleibt oft nicht. Natürlich könnte man sagen: Private Themen haben auch keine Berechtigung bei der Arbeit. Ich sehe das ein wenig anders. Wir sind weder nur berufliche noch ausschließlich private Menschen, beide Seiten gehören zu uns und machen uns aus. Wir sind nur dann optimal leistungsfähig und können unser gesamtes Potential abrufen, wenn wir ausgeglichen und gesund sind.

Das heißt in der Konsequenz: Sie stehen selbst in der Verantwortung, für sich und Ihre Gesundheit zu sorgen. Natürlich könnten Sie auch hier anführen, dass der Arbeitgeber auch gewisse Fürsorgepflichten hat. Gleichzeitig ist es Ihre Aufgabe, sich einen Rückzugsort oder eine Energiequelle zu schaffen, durch die Sie Ihren Akku immer wieder neu aufladen können. Nur wer mit sich im Gleichgewicht ist, ist in der Lage, auch im Beruf 100 Prozent Leistung zu bringen. Es ist zweitrangig, ob Sie über Ihre Familie, Freunde oder Freizeitaktivitäten für Ihr Wohlbefinden sorgen. Entscheidend ist, dass Sie etwas außerhalb Ihrer beruflichen Aufgabe haben, was Ihnen Energie bringt und Sie entspannt.

Das persönliche Juwel
Jeder hat schon einmal schwierige Situationen und schwierige Phasen im Beruf erlebt und es werden im Laufe eines gesamten Berufslebens sicherlich weitere hinzukommen. Für diese energieraubenden Momente empfehle ich in meinen Trainings, sich ein persönliches Juwel zuzulegen.

Was ist ein persönliches Juwel und wozu dient es?

Bezeichnend für ein persönliches Juwel ist, dass es eine ganz besondere, wertvolle Bedeutung für die jeweilige Person hat. Es muss so klein sein, dass ich es mit mir führen kann. In der Jacke, in einer Tasche oder im Auto, wenn ich z.B. im Außendienst tätig bin. Ich spreche nicht von einem typischen Passfoto der Liebsten. Natürlich könnte es auch ein Foto sein, aber wichtig ist, dass es uns an einen besonderen, schönen Moment erinnert und uns irgendwie berührt. Das persönliche Juwel soll uns in schwierigen Momenten bzw. Gesprächssituationen Halt geben und stärken.

Vergangenes Jahr führte ich ein Training durch, in dem Bauleiter und Poliere saßen – alles kräftige Männer und robust im Auftreten. Auch untereinander herrschte ein rauer Ton, coole Sprüche waren an der Tagesordnung. In diesem Training ging es an einer Stelle um den Stress, dem diese „harten Männer" täglich ausgesetzt waren. Beinahe täglich bekamen die Bauarbeiter die Wut und den Frust von mehreren Seiten auf der Baustelle ab. Manchmal wurden die Bauarbeiter sogar schon vor Arbeitsbeginn von wütenden Mietern eines Gebäudes erwartet, so dass ein neutraler Start in den beruflichen Alltag kaum möglich war.

Am zweiten Tag des Trainings schrieb ich während einer Pause etwas ans Flipchart – scheinbar zufällig aneinandergereihte Buchstaben ohne jegliche Bedeutung. Als die Teilnehmer wieder in den Trainingsraum zurück kamen und auf das Flipchart schauten, runzelten die meisten erst einmal die Stirn. Einige riefen: „Ah, ein Rätsel!" Ich musste sie enttäuschen, es war kein Rätsel, naja, auf eine andere Art schon. Was für sie gar keine Bedeutung haben konnte, war für mich etwas ganz Besonderes: der erste Brief meines 6-jährigen Sohnes Marik, den er mir geschrieben und vor kurzem feierlich und stolz überreicht hat. Eben ein echtes persönliches Juwel für mich, ohne jegliche Bedeutung für andere!

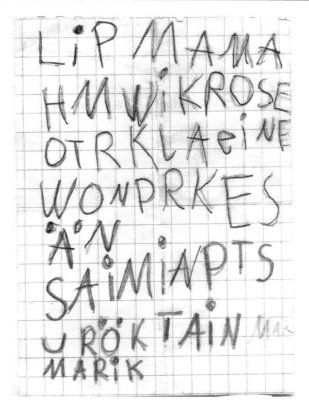

Ich lasse Sie auch gerne teilhaben und übersetze:

Liebe Mama,

haben wir große oder kleine Wunderkerzen? Schreib mir Post zurück.

Dein Marik

Für andere nur ein kleiner, zerknitterter Zettel mit irgendwelchen Buchstaben darauf, für mich ein wertvolles Geschenk, das mich berührt: ein ganz persönliches Stückchen meines Sohnes Marik, das ich stets bei mir trage. Mein persönliches Juwel rückt die Dinge wieder zurecht. Als wichtige Kraftquelle vor schwierigen Situationen ist es eine echte Unterstützung im Berufsalltag.

Zurück zu meinen Teilnehmern. Ich habe die Situation schließlich aufgelöst und ihnen ausführlich und im Detail erzählt, wie stolz mir mein Sohn seinen ersten Brief auf diesem zerknitterten Zettel mit unzähligen Rechtschreibfehlern darauf überreicht hat. Und wie er mich ganz erwartungsvoll mit seinen großen Kulleraugen angeschaut hat, während ich krampfhaft versucht habe, den Brief zu enträtseln bzw. zu lesen.

Im Anschluss daran entstand eine rege Diskussion unter den Bauarbeitern, die weit von dem vorherigen „Ich bin so ein starker Typ"-Gerede entfernt war. Es stellte sich heraus, dass viele der Bauarbeiter bereits Vater waren und durchaus mit meinem persönlichen Juwel etwas anfangen konnten. Nach kurzer Diskussion zu dem Thema fragte ich die Bauleiter und Poliere nach eventuell schon vorhandenen persönlichen Juwelen bei ihnen. Nach kurzem Zögern stand einer der Teilnehmer auf und holte etwas aus der Hosentasche. Für mich zunächst ein undefinierbarer, schmuddeliger Fetzen Stoff. Ehrlich gesagt fand ich den Fetzen sogar eher unangenehm. Dieser Polier hatte nun dieses Stückchen Stoff in seiner Hand und fing an zu erzählen. Er erzählte plötzlich mit leiser Stimme die Geschichte seiner kleinen Tochter. Der zunächst für mich und die anderen nur schmuddelige Stofffetzen entpuppte sich als erstes Schnuffeltuch seines kleinen Mädchens. Nun trug er es als persönliches Juwel bei sich, das ihm an schwierigen Tagen hilft.

Im Trainingsraum war es plötzlich mucksmäuschenstill. Der Mut dieses Poliers, ein Stück weit ganz ehrlich und auch angreifbar sein persönliches Fenster für uns alle zu öffnen, war der Auslöser für eine intensive, sehr emotionale Diskussion.

> Das persönliche Juwel kann keine schwierigen Situationen verhindern, aber es hilft, schwierige Situationen leichter zu nehmen!

Es verhindert oder unterbricht bewusst eine negative Stimmung, damit wir nicht in einen negativen Sog geraten, aus dem wir an diesem Tag nicht mehr herauskommen.

Beispiel:
>Schlechtgelaunt misslingt uns auch eine nächste Situation und wir reagieren: „War ja klar, dass das heute nicht klappt" oder „Natürlich geht heute alles schief!" usw. Und so kommt es dann ja auch oft (selbsterfüllende Prophezeiung).

Hand aufs Herz
- Wie bereiten Sie sich auf schwierige Gesprächssituationen vor?
- Wie schützen Sie sich? Wie grenzen Sie sich ab?
- Woran hängt Ihr Herz? Was bedeutet Ihnen als Privatmensch besonders viel?
- Was sind mögliche Situationen, in denen Sie sich kurz zurückziehen können?

Tipp: So legen Sie sich ein persönliches Juwel zu
1. Suchen Sie sich ein Foto oder einen Gegenstand aus, mit dem Sie einen ganz besonders schönen Moment verbinden.
2. Tragen Sie es griffbereit bei sich bzw. hinterlegen Sie es irgendwo an Ihrem Arbeitsplatz, z.B. in einer Schreibtischschublade. Wichtig ist, dass Sie Ihr persönliches Juwel nicht offensichtlich irgendwo liegen haben, sonst wird es schnell zu etwas Normalem. Kein Mensch würde einen wahren Schatz offen herumliegen lassen. Der Zauber entsteht stets im Moment.
3. Bevor Sie z.B. in eine schwierige Gesprächssituation gehen, ziehen Sie sich bewusst fünf Minuten zurück und nehmen Sie Ihr persönliches Juwel zur Hand. Betrachten Sie es genau und nehmen ein Stück der positiven Erinnerung als stille Unterstützung mit in die bevorstehende Situation.
4. Genauso unterstützt ein persönliches Juwel nach schwierigen Situationen. Ganz gleich ob Sie verärgert oder verzweifelt sind: Ziehen Sie sich auch hier einen Moment irgendwohin ungestört zurück und nehmen Sie bewusst Ihr persönliches Juwel zur Hand. Sie werden sehen, es rückt die Dinge wieder zurecht, vieles relativiert sich.

Blinder Fleck: Eigene Defizite

Jedes Unternehmen lebt von der Qualität und Erfahrung seiner Mitarbeiter und Führungskräfte. Neben dem fachlichen Knowhow sind Soft Skills wie z.B. Mitdenken und vorausschauendes Handeln (Beraten) heute wichtige Fähigkeiten im professionellen Umgang mit dem Kunden, um sich vom Wettbewerb abzuheben. Der selbstkritische Blick in den Spiegel, das regelmäßige Hinterfragen der eigenen Vorgehens- und Arbeitsweise ist von genauso großer Bedeutung, fällt jedoch bei den meisten (schon aus Zeitgründen) unter den Tisch.

Das aktive, auf die Lösung einer Sache fokussierte Handeln ist eine typische Verhaltensweise, die sicher positiv gemeint ist, gleichzeitig aber zu wenig auf den Kunden oder gar auf die eigene Person gerichtet ist. Zielgerichtetes, lösungsorientiertes Vorgehen mit Blick auf die Sache bestimmt zwar das Handeln, der Mensch rückt dabei aber in den Hintergrund. Beides ist jedoch wichtig.

Herzblut und Engagement sind ebenfalls unentbehrlich, verleiten allerdings oft dazu, sich mit Volldampf und zu 100 Prozent auf eine Sache zu konzentrieren. Dabei beißen wir uns manchmal geradezu an einer Sache oder Idee fest und verlieren das Ganze aus dem Auge.

> **Beispiel:**
> „Die Kunden werden auch immer geiziger! Außerdem wissen sie wohl nicht, was sie wollen!" beschwerte sich der Marktleiter einer großen Textilkette, der anhand seiner Statistik feststellte, dass im vergangenen Monat die sogenannten Billigartikel besonders stark gekauft wurden statt wie erwartet die extra neu bestellten Waren. Der Marktleiter berichtete wütend und leicht gekränkt, dass sich einige Kunden doch ausdrücklich eine Sortimentserweiterung gewünscht hatten. Nachdem er sich nun dafür erfolgreich eingesetzt, einige weitere Artikel in sein Warensortiment aufgenommen und somit in ihrem Sinne investiert hatte, ließen sie ihn hängen.
> Eine gute Gelegenheit, sich zu fragen: „Was habe ich aktiv dazu getan, dass mein Kunde die Waren bei mir im Laden kaufen kann (außer, dass ich sie eingekauft habe)? Wodurch kann der Kunde erkennen, dass ich diese Artikel aktuell in das Sortiment aufgenommen habe? Wie wird darüber hinaus deutlich, dass ich die

Waren auf mehrfachen Wunsch meiner Kunden extra für sie besorgt habe? Wie leicht (oder schwer) mache ich es ihm, daran vorbei zu laufen? Wie viel Zeit hatte mein Kunde, um von den Neuerungen überhaupt zu erfahren?

Ein Perspektivenwechsel ist manchmal ganz aufschlussreich und lohnt sich in jedem Fall!

Teil II:
Mein Beitrag im Kundenkontakt

Nachdem Sie sich im ersten Schritt auf das eigene Denken und Handeln konzentriert haben, geht es nun im zweiten Schritt um die Interaktion mit dem Kunden.

Das Verständnis dafür, dass Gespräche mit unseren Kunden weit mehr als reine Kundenkontakte sind, ist unerlässlich. Mit dem bewussten Gestalten der Kundenbeziehung unterstreichen wir, dass jeder Kundenkontakt als Anfang oder Bestätigung einer wertvollen Kundenbeziehung zu verstehen ist. Aus dem anfänglichen Kontakt entsteht eine emotionale Bindung zu einer Person, die bei jedem weiteren Gespräch vertieft wird.

Kundenbeziehungszyklus

Jeder Mitarbeiter im direkten Kundenkontakt durchläuft während eines Kundenkontaktes mehrere Phasen. Jede Kundenkontaktphase bietet Ihnen auf der einen Seite zahlreiche Chancen, einen professionellen, positiven Eindruck beim Kunden zu hinterlassen. Auf der anderen Seite besteht gleichzeitig das Risiko, in denselben zahlreichen Situationen ein unprofessionelles bzw. negatives Bild abzugeben, z.B. dadurch, dass Sie an Sie gestellte Kundenerwartungen nicht vollständig oder gar nicht erfüllen. Sich das bewusst zu machen, ist der allererste wichtige Schritt, wenn wir uns das Ziel setzen, Kunden langfristig für uns zu gewinnen. Das gilt für jeden Mitarbeiter, der regelmäßig im direkten Kundenkontakt steht – ob die Kunden zu Ihnen ins Geschäft kommen, Sie im Außendienst als Servicemitarbeiter die Kunden vor Ort besuchen oder ob Sie mit Ihren Kunden professionell telefonieren.

Unabhängig von den unterschiedlichen Aufgaben und Branchen durchlaufen alle Mitarbeiter und Führungskräfte im direkten Kundenkontakt diese Kundenkontaktphasen. Sie lassen sich in drei große, wesentliche Phasen zusammenfassen:

1. Phase: In Kontakt kommen
2. Phase: In Kontakt sein
3. Phase: In Kontakt bleiben

In Kontakt kommen – Kundenkontaktphase 1

> Erster Eindruck = die Eintrittskarte/Einladung!

- Auftragsannahme
- Auftragsvorbereitung
- Zusammentreffen mit dem Kunden
- Begrüßung
- Arbeitsplatzgestaltung

In Kontakt sein – Kundenkontaktphase 2

> Das Kundenerlebnis = die Maßanfertigung!

- Bedarfsermittlung (Abgleich bereits intern erhaltener Informationen mit denen des Kunden und dem eigenen Eindruck vor Ort)
- Kunden emotional abholen, auf sein Gefühl eingehen!
- Beratung („zur Sache kommen"), Kunden mit einbeziehen
- Kundenorientierter Umgang auch in schwierigen Situationen
- Produkt- bzw. Lösungspräsentation mit Nutzenargumentation, Auftragsausführung vor Ort, Präsentation der erbrachten Leistung
- Zusammenfassung
- Einverständnis einholen

- (Kauf)Abschluss
- Verbindliche, individuelle Verabschiedung

In Kontakt bleiben – Kundenkontaktphase 3

> Der letzte Eindruck = die Kundenbindungschance!

- Ausblick geben: „Wie geht's weiter?"
- Gesprächs-/Auftragsnachbereitung
- Interne Informationsverarbeitung
- Nachfassen beim Kunden (Info über Aktionen usw.)

In Phase 1 steht der erste Eindruck als wichtiges Thema im Mittelpunkt. Ein positiver erster Eindruck öffnet Ihnen die Tür zum Kunden, er ist Ihre Eintrittskarte. Schätzt der Kunde Sie im ersten Eindruck als kompetent und sympathisch ein, so ist Ihnen sein offenes Ohr garantiert.

In der zweiten Phase geht es darum, den passenden Maßanzug für Ihren Kunden zu finden. In einer fragenden Haltung gilt es, den Kunden möglichst individuell da abzuholen, wo er steht. Das bezieht sich sowohl auf die angepasste Kundenansprache als auch auf seinen tatsächlichen Bedarf. In einem wertschätzenden Dialog werden dem Kunden schließlich auf seine Situation zugeschnittene Lösungsangebote gemacht bzw. gegebenenfalls mögliche Alternativen aufgezeigt. Erfolgsentscheidend ist, dass sich der Kunde wohlfühlt, denn nur wer ein gutes Gefühl hat, wird sich auf Sie und Ihre Vorschläge einlassen können. Die Mischung aus aktivem Zuhören, gezielten Fragen und aktiver Lösungspräsentation sowie das professionelle Eingehen auf eventuelle Bedenken führen am Ende zu einer positiven (Kauf)Entscheidung.

Die dritte Phase ist durch den letzten Eindruck geprägt. Neben der Verabschiedung ist der Ausblick „Wie gehen wir auseinander?" ein wesentlicher Aspekt, um statt eines einfachen Gesprächsabschlusses bereits die wichtige Vorarbeit für einen nächsten Kontakt zu leisten. Besonders das „Dranbleiben" und

Nachhaken bzw. Nachfragen sorgt dafür, dass aus dem entstandenen Erstkontakt eine feste Kundenbeziehung entsteht. Die Intensität des Kundenkontakts ist oft ein Spiegel der Qualität in der Kundenbeziehung.

Hand aufs Herz

- Haben Sie sich schon einmal bewusst damit auseinandergesetzt, mit wie vielen Kunden Sie in Kontakt kommen? Konkret: Wie viele Kundenkontakte (=Chancen) haben Sie täglich bzw. hochgerechnet auf den Monat oder das Jahr?
- Wie nutzen Sie bisher die damit verbundenen Chancen, Ihren Kunden positiv zu beeindrucken bzw. an sich zu binden?

„Antennen an!"
Machen Sie sich bewusst, dass Sie jeden Tag aufs Neue zahlreiche Kundensituationen erleben, die Ihnen Gelegenheiten bieten, Ihre Beziehungsebene zum Kunden aufzubauen, zu pflegen oder durch besondere Leistungen zu vertiefen. Als Mitarbeiter oder Führungskraft im direkten Kundenkontakt durchlaufen Sie bei jedem Kundenbesuch immer wieder aufs Neue sämtliche Kundenkontaktphasen. Im Fussball heißt es oft: „Nach dem Spiel ist vor dem Spiel!" Das bedeutet auf Ihre Situation übertragen: ***„Nach* dem Kundenbesuch ist *vor* dem Kundenbesuch!"***

Ein wesentlicher Aspekt hierbei ist, dass sich die Beziehung zwischen Ihnen und dem Kunden von Kundenkontakt zu Kundenkontakt verändert bzw. vertieft. Informationen, die Sie beim letzten Kontakt mit dem Kunden erhalten haben, müssen verwertet werden. Das heißt, wichtige Informationen zu meinem Kunden müssen intern dokumentiert und archiviert werden. Zum einen wird auf diese Weise sichergestellt, dass Sie immer aktuell informiert sind. Eine sorgfältige Dokumentation des letzten Kundenkontakts dient der professionellen Vorbereitung auf den nächsten Kundenbesuch. Zum anderen sichert es im Urlaubs- oder Krankheitsfall den professionellen Informationsfluss intern für Ihre Kollegen.

Ganz gleich, welche Situation eintritt, auf diese Weise gibt es immer einen Anknüpfungspunkt, auf den Sie beim nächsten Mal gezielt aufbauen können. Gut informiert zu sein, wirft ein gutes Licht auf das Unternehmen und macht einen positiven Eindruck auf den Kunden. Das stärkt wiederum Ihre Beziehung zum Kunden – von Kontakt zu Kontakt. Aus den regelmäßig wiederkehrenden Kundenkontaktphasen entsteht auf diese Weise so etwas wie ein Kreislauf: der Kundenbeziehungszyklus.

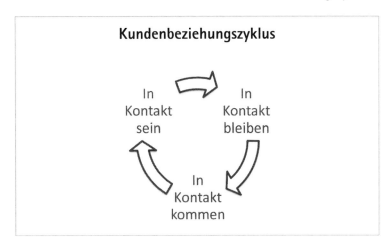

In Kontakt kommen – Phase 1 des Kundenbeziehungszyklus

Wichtige Soft Skills
Welche Soft Skills sind in dieser Phase von besonderer Bedeutung?
- Offenheit
- Interesse/Neugier
- Wertschätzung
- (Selbst)Vertrauen
- Selbstmotivation
- Identifikation

Die Einladung – Lust auf einen Maßanzug?

„Herzlich willkommen!"- Sprechen Sie eine angenehme, unverbindliche Einladung aus, Sie kennen zu lernen! Schüren Sie die natürliche Neugier und Lust, Ihr Leistungsangebot zu testen und sich von Ihnen einen Maßanzug schneidern zu lassen. Menschen wollen verwöhnt werden und sehnen sich nach einer auf sie zugeschnittenen Beratung oder zumindest nach individueller, hundertprozentiger Aufmerksamkeit. Das gilt auch und gerade für viele Kundensituationen bei dem Kauf von Allerweltsprodukten.

> Freuen Sie sich auf Ihre Kunden – ausnahmslos!

Konkret: Eine freundliche Begrüßung *mit* Blickkontakt ist wohl das Mindestmaß, das ich beim Eintritt in ein Geschäft (ob beim Lebensmittelhändler, im Textilgeschäft, Elektrofachmarkt, beim Friseur oder in der Arztpraxis) erwarten kann. Oder steht sie mir nicht zu, weil ich gerade nur meinen schnöden, alltäglichen Einkauf mache, zu meinem ganz normalen Hausarzt in die Praxis gehe und keine ausgewiesene Exklusiv-Adresse dafür ausgewählt habe oder kein Privatpatient bin? Das heißt noch lange nicht, dass ich automatisch auf jeden Service geschweige denn die banalsten höflichen Umgangsformen verzichten muss. Zur Erinnerung: *Ich* (!) habe mich zunächst bewusst für Ihren Laden entschieden. Aus welchen Gründen auch immer. Das heißt aus meiner (Kunden)Sicht: Ich kann ein ernstgemeintes „Danke schön! – Es freut uns, dass Sie sich für uns entschieden haben!" doch wohl erwarten, oder?

> Wer schon bei der Begrüßung an Aufmerksamkeit spart, der muss sich nicht wundern, wenn Kundenzufriedenheit (von Begeisterung ganz zu schweigen) ein Fremdwort bleibt!

Ihre Aufgabe dabei ist: Schaffen Sie eine einladende Atmosphäre, die es einem (möglichen) Kunden leicht macht, sich für Sie und Ihr Leistungsangebot zu interessieren. Mal abgesehen von den Rahmenbedingungen, die durch Ihr Unternehmen bereits vorgegeben sind (Außenauftritt eines Ladens, Geschäftspapiere usw.), haben Sie einen erheblichen Einfluss auf die Möglichkeit, dass sich jemand von Ihrem Angebot angesprochen fühlt. Sie stellen die Weichen mit – von Anfang an.

Aus aktuellem Anlass erwähne ich hier auch den professionellen Umgang mit dem Handy, wenngleich mir die Brisanz des Themas bewusst ist. Bereits zu Beginn einer Kundensituation kann ein klingelndes Handy den ersten Eindruck nachhaltig belasten. Gerade Mitarbeiter im Außendienst kommen immer wieder in die Situation, dass sie während eines Kundenbesuchs angerufen werden. Je nach Position variiert die Anzahl der Anrufe bei dem Einzelnen sicherlich. Mir ist bewusst, dass in manchen Unternehmen die ständige Erreichbarkeit des Kundendienstmitarbeiters sogar ausdrücklich erwünscht ist, angeblich „im Sinne des Kunden" ... Ich frage mich: Wie gewährleisten Sie in Ihrem Unternehmen einen Top Service, wenn Ihr Mitarbeiter nicht einmal ungestört vor Ort arbeiten kann?

Perspektivenwechsel:
Stellen Sie sich vor, Sie sind der Kunde und haben einen Termin mit dem Mitarbeiter eines Kundendienstes. Kurz nachdem dieser bei Ihnen zuhause eintrifft, um etwas bei Ihnen zu reparieren, klingelt sein Handy. Er entschuldigt sich kurz und nimmt das Telefonat an. So weit, so gut. Nachdem er aufgelegt hat, widmet er sich der anstehenden Reparatur. Etwa zehn Minuten später klingelt sein Handy erneut. Der Kundendienstmitarbeiter geht selbstverständlich ran, denn er erkennt an der angezeigten Nummer im Display, dass es ein wichtiger Kunde von ihm ist. Scheinbar wichtiger als Sie. Wie fühlt sich das für Sie an? Was geht Ihnen durch den Kopf? Wie lange werden Sie die Telefonate während des Einsatzes bei Ihnen dulden? Ist das für Sie Professionalität?

Sinnvoll, wenn auch für einige unvorstellbar, ist es grundsätzlich, für einen gewissen (intern abgestimmten) Zeitrahmen das Handy wirklich auszuschalten. Darüber hinaus lohnt sich in vielen Unternehmen sicherlich die Diskussion, wer (auch wel-

cher Kunde) erhält wofür die Nummer des Außendienstlers. Gibt es intern eine telefonische Kundendienstnummer, die sie dadurch umgehen? Haben Sie noch nicht ausreichend Aufgaben bzw. noch großzügige Pufferzeiten in Ihrem Alltag, dass Sie das auch noch mit übernehmen?
Jeder Kunde hat während seines Termins 100 Prozent Leistung (Aufmerksamkeit) verdient. Dasselbe erwarten Sie als Kunde auch.

> Jeder Kunde ist ein (manchmal roher) Diamant!

Wovon machen Sie abhängig, wen Sie wie behandeln? Vom äußeren Erscheinungsbild? Vom internen Rating? ...
Übertragen auf Ihre Kundensituation bedeutet das: Nutzen Sie jede Gelegenheit, eine bewusste Einladung auszusprechen. Laden Sie Ihre Kunden ein, sich in angenehmer Atmosphäre ein Bild von Ihrem Leistungsangebot zu machen. **Leistung ist wie ein Konsumprodukt – sie muss anständig erbracht, ansprechend verpackt und gut sichtbar platziert werden!** Sie sind dafür verantwortlich, dass der Kunde die Einladung durch Sie erhält, sonst nützt Ihnen die beste Qualität und die schönste Anzugskollektion nichts und wird unbesehen im Lager verbleiben. Ein Kunde wird sich nur dort dauerhaft gut aufgehoben fühlen, wo Sie es geschafft haben, eine gute Beziehungsebene aufzubauen. Das gilt vom ersten Moment an. Für jeden Kunden.

> Unser Miteinander bestimmt die Qualität der Kundenbeziehung.

Der erste Eindruck

Der erste Schritt ist getan: Der Kunde hat sich für Ihr Unternehmen entschieden – ist in Ihr Geschäft, Praxis, auf Ihren Hof gekommen – und Sie stehen sich persönlich gegenüber. Oder der Kunde hat Sie angerufen bzw. wurde über den Empfang weiterverbunden und Sie begrüßen sich am Telefon. Gratulation – irgendetwas muss Ihr Unternehmen oder Sie richtig ge-

macht haben, dass Ihr Kunde Ihr Unternehmen oder Sie ausgewählt hat.
Jetzt kommt Ihre Chance: Die Chance des ersten, persönlichen Eindrucks, der darüber entscheiden wird, ob es zu einer weiteren Zusammenarbeit kommt und wenn ja, wie sich diese gestalten wird. Sie kennen bestimmt Kundenbeziehungen, die schon schwierig anfingen – und es blieb dann auch schwierig. Oder die Kundenbeziehungen, bei denen Sie von Anfang an auf einer Wellenlinie waren, es für beide Seiten Spaß gemacht hat, miteinander und füreinander zu arbeiten. Da waren dann die Probleme mit dem Liefertermin auch schnell wieder vergessen.

Hand aufs Herz

- Was zeichnet die landläufig so häufig benannte „Macht des ersten Eindrucks" aus? Ist dieser wirklich so mächtig?
- Wie können Sie diese Macht für sich nutzen, um Ihre Kunden von Anfang an zu begeistern?

Mit dem Bewusstsein, dass wir den ersten Eindruck weder umgehen noch ausschalten können, also konkret, dass sich unser Kunde in *jedem* Fall einen ersten Eindruck von uns macht (ob er will oder nicht!), ist es lohnenswert, sich damit zu beschäftigen. Wie entsteht nun dieser erste Eindruck? Was macht ihn aus?
Zahlreiche Untersuchungen zeigen, dass wir uns bei einem ersten persönlichen Zusammentreffen schon in den ersten Sekunden ein bestimmtes „Bild" von unserem Gegenüber machen. Diese Redewendung – „sich ein Bild von jemandem machen" – hat durchaus ihre Berechtigung. Nach den ersten Sekunden des Zusammentreffens meinen wir zu wissen (und das geht Ihrem Kunden genauso!), was unser Gegenüber „für einer" ist. Soviel steht fest: Wir werden von unseren Kunden kurzerhand gescannt und ohne langes Zögern zunächst in eine bestimmte Schublade gesteckt. Je nach individuellen Werten, Erlebnissen, Erfahrungen, Meinungen und Stimmungen erfolgt ein Einsortieren in „sympathisch" oder „unsympathisch", „offen" oder „verschlossen", „kompetent" oder eher das Gegenteil.

In dieser Schublade stecken wir dann erst einmal fest, ob es uns gefällt oder nicht. In den Augen des Kunden ist somit innerhalb kürzester Zeit klar, was für ein Typ Sie sind. Das gilt unabhängig davon, ob es auf Sie zutrifft oder der Kunde mit seiner Einschätzung vollkommen falsch liegt.

Sie kennen das von sich selbst auch, diese Gedanken, oft sogar noch bevor jemand überhaupt mit uns gesprochen hat: „Ach, so'n Typ ist das!". Doch selbst bei mehrfacher Erfahrung mit einem bestimmten Typ Mensch mahne ich bewusst an dieser Stelle:

Achtung – Irrtum nie ausgeschlossen!

Der Begriff des Schubladendenkens ist eher negativ besetzt und hat doch seine Berechtigung. Woher kommt nun dieser Reflex, das Gegenüber in irgendeiner Form einsortieren zu wollen? Vor Urzeiten war es für den Menschen noch überlebenswichtig, Freund oder Feind in den ersten Sekunden zu unterscheiden und sich in Kampf oder Flucht zu begeben. In diesen ersten Sekunden des persönlichen Aufeinandertreffens können wir nur visuelle Signale (wir sprechen über maximal 3 Schlüsselreize) über das Auge aufnehmen. Visuelle Signale werden vom Gehirn am schnellsten verarbeitet. Erst dann empfangen wir mit den anderen Sinnen über Hören, Riechen, Schmecken und Fühlen.

Hand aufs Herz

Lederjacke, rote Haare, Ratte auf der Schulter – na, welches Bild entsteht da bei Ihnen?

Dieser Reflex ist bis heute erhalten geblieben, obwohl es zumindest im Geschäftsleben ja nicht mehr direkt um Leben oder Tod geht! Wir scannen immer noch unbewusst – nur fliehen oder kämpfen wir heute nicht mehr, sondern reagieren zivilisiert auf den Ebenen der Körpersprache, Gestik, Mimik. Dieser Reflex des Einsortierens hat das Ziel, unsere komplexe Umwelt für uns vermeintlich strukturierter zu gestalten, um so scheinbar Sicherheit zu erhalten, „Herr oder Frau der Lage" zu sein. Historisch gesehen entschied also früher die sekundenschnelle Einschätzung des Gegenübers über „Freund oder Feind" also über „Leben oder Tod", heute entscheidet er oft über *„Kunde oder nicht Kunde"*!

Der erste Eindruck bietet eine erste Form der Orientierung, wenn auch zunächst nur auf wenige Wirkungsfaktoren begrenzt. Untersuchungen zeigen, dass sich der erste Eindruck aus drei persönlichen Wirkungsfaktoren zusammensetzt:

1. Auftreten/Aussehen/Ausstrahlung
   (Nonverbale Wirkungsfaktoren)
2. Stimme (*Wie* wir etwas sagen)
3. Inhalt (*Was* wir sagen)

Diese drei Faktoren haben dabei einen unterschiedlich starken Anteil. Unser Auftreten bestimmt zu über 60 % das Bild, das sich unser Gegenüber von uns macht bzw. das Sie sich von Ihrem Kunden machen. Zu ca. 30 % wirkt unsere Stimme, also wie wir etwas sagen, und sei es nur ein freundliches „Guten Morgen" oder „Moin, moin".

Immer wieder erschreckend ist – und umso wichtiger, sich dessen täglich bewusst zu sein! –, dass es auf das, *was* wir sagen, also den Inhalt, im ersten Moment am wenigsten ankommt (ca. 10 %). Das heißt, wir leiten unseren ersten Eindruck in erster Linie von Äußerlichkeiten ab. Je nach Situation und Rahmen dieser Erstbegegnung sind das die Gesamterscheinung, die Ausstrahlung, Ihre Kleidung, Ihre Frisur, Ihr Bart, Ihr Make up, Ihre Haltung, Ihr Gang (wie kommt jemand herein oder auf uns zu), Händedruck, Blickkontakt, Details wie Schmuck, Uhr, Accessoires, z.B. Brille oder Schreibgerät, Schuhe, Tasche, Auto – alles wirkt!

Der Spruch von Moshe Feldenkrais: „Wenn Du weißt, was Du tust, kannst Du tun, was Du willst!" steht für die bewusste Nutzung der Wirkmechanismen des ersten Eindrucks! Denn wirken werden Sie auf jeden Fall! „Nach deinem Aussehen wirst Du empfangen und nach Deinen Worten verabschiedet" formuliert ein japanisches Sprichwort. Das heißt im Umkehrschluss: Genauso wie Sie sich ein Bild von Ihrem Kunden machen, hat sich Ihr Kunde ebenso – schon bevor Sie die Chance hatten, eine Probe Ihrer Beratung und Ihres Services abzuliefern – ein erstes Bild gemacht. Von Ihnen als Persönlichkeit und Ihrer wahrscheinlich zu erwartenden Arbeits- und Beratungsleistung.

Die fatale Assoziation dahinter: Da im geschäftlichen Kontakt Kompetenz, Leistungsfähigkeit und Know-how nicht in den ersten Sekunden festzustellen sind, machen wir diese für uns wichtigen Kriterien ebenfalls unbewusst an diesen Äußerlichkeiten fest. Aus der Angemessenheit, Sauberkeit, Gepflegtheit, Sorgfalt der Kleidung und der Person, der Ordnung der Arbeitsunterlagen, der Ordnung auf dem Schreibtisch, hinter dem Tresen oder im Arbeitsraum schließt Ihr Kunde blitzschnell auf Ihre Leistungsfähigkeit, Qualität der Arbeit, Kompetenz, Vorbereitung und Sorgfalt.

Perspektivenwechsel: Durch die Kundenbrille gesehen
Die unausgesprochenen Fragen des Kunden „Bin ich hier richtig, habe ich die richtige Wahl getroffen? Habe ich für mein Anliegen den besten Anbieter gewählt? Werde ich hier kompetent und zufriedenstellend beraten?" werden in den ersten Sekunden des Zusammentreffens nonverbal beantwortet.

Auch im telefonischen Erstkontakt funktioniert dieser Reflex des ersten Eindrucks. Dies geht dann über die Stimme. Je nach Stimmlage (spricht jemand hoch oder tief), Sprechgeschwindigkeit, Sprechpausen, ggf. Dialekt, einem mitschwingenden Lachen und einer positiven Einstellung (ja, auch das kann man heraushören) machen wir uns ein Bild vom Anderen, das erstaunlicherweise häufig passt – manchmal aber auch zu Irritationen beim ersten Wiedersehen führen kann. Unterm Strich zählt: Wir haben das Wesen des Anderen für uns „einsortiert". Manchmal mit fatalen Folgen: Steckt der Kunde erst einmal in einer bestimmten Schublade, so werden alle weiteren Erlebnisse mit ihm vor diesem Hintergrund erlebt! Nach dem Motto

„Hab' ich es doch gewusst!" besteht so schnell die Gefahr, sich in eine Richtung zu verrennen und nicht mehr offen für andere Eindrücke und Wahrnehmungen zu sein. Professionell zu denken und zu handeln bedeutet, für jeden Kunden offen zu sein und zu bleiben. Lassen Sie die Schublade immer auch ein Stück offen im Sinne von: „Mal sehen, was das denn für einer ist!"

Ein weiterer Aspekt, über den es sich noch einmal nachzudenken lohnt:

> „Es gibt *niemals* eine zweite Chance für einen ersten Eindruck!"

Zugegeben, diesen bekannten Spruch halte ich für etwas übertrieben. Das Wort „niemals" würde ich realistischerweise durch „in den meisten Fällen keine" ersetzen. Das ist allerdings schon schlimm genug. Unabhängig davon, ob Ihr Kunde mit seiner ersten Einschätzung richtig liegt oder nicht: Fatal ist es, wenn wir vom Kunden keine Gelegenheit für einen zweiten Eindruck bekommen, weil er uns mit fester Überzeugung in eine bestimmte Schublade einsortiert und als negativ abgehakt hat. Selbst ein guter Ruf nützt Ihrem Unternehmen im Zweifel nichts.

Beispiel:
Auf der Suche nach einem Herrenrad waren mein Mann und ich vor kurzem in einem Fachgeschäft, das uns empfohlen wurde. Zum Kauf entschlossen, nahmen wir unser Portemonnaie mit. Beim Betreten des Ladens sahen wir kurz einen jungen Mann, der offensichtlich aus dem Lager kam, als er mit einem Reifen in der Hand grußlos an uns vorbei aus dem Laden zur gegenüberliegenden Werkstatt ging. Wir nutzten gezwungenermaßen die Zeit und verschafften uns einen ersten Überblick über das Warenangebot. Nach ca. 15 Minuten standen wir immer noch vollkommen alleine in dem Laden und kannten bereits jedes für uns in Frage kommende Modell samt Preis. Nach weiteren 5 Minuten verließen wir wütend und enttäuscht das Geschäft. „Was für eine Frechheit!" – uns so alleine zu lassen, ohne einen Hinweis darauf, wann jemals wieder eine Fachkraft auftauchen würde.

Fest steht: Diesen Laden besuchen wir kein zweites Mal. Möglicherweise haben wir an dem Tag einfach einen ganz unglücklichen Moment erwischt. Eventuell war nur ein Praktikant (noch dazu an seinem ersten Tag) anwesend und er hatte uns nur nicht bewusst im Blick – vielleicht ... Fatal, denn es spielt für uns keine Rolle. Wahrscheinlich sind an den anderen Tagen dieser besagten Woche sogar alle Kunden professionell beraten worden. Doch es nützt alles nichts, ganz sicher werden wir dort keine Kunden mehr. Eine Chance für einen zweiten Eindruck bekommt dieses Unternehmen nicht mehr, denn wir haben unser wohlverdientes Geld bereits gerne beim Wettbewerber ausgegeben.

Was macht den ersten Eindruck so mächtig?
Seine Macht liegt in seiner Hartnäckigkeit. Alle weiteren Erfahrungen werden vor diesem Hintergrund gemacht. Er ist sozusagen das Fundament für die weitere Kundenbeziehung. Zudem stärkt ihn der Drang nach unbewusster Bestätigung: Wir warten unbewusst darauf, dass sich dieser erste Eindruck erfüllt und bestätigt (selbsterfüllende Prophezeiung), selbst wenn wir eine zweite Chance haben und den ersten Eindruck scheinbar korrigieren könnten.

Beispiel:
Sind Sie bei einem ersten Treffen unpünktlich und können auch nicht mehr rechtzeitig Bescheid sagen, brennt sich dieser Eindruck bei dem Wartenden ein. Wehe, wenn Sie später erneut einmal ein Problem mit dem rechtzeitigen Eintreffen haben sollten: „Na, das kennen wir ja schon ...! Frau Schwerteimer hatte ja schon immer ein Problem mit der Zeiteinteilung."

Der erste Eindruck ist ein Puzzlestein des Image. Image (lat. imago = Bild) ist das Bild, das andere von uns haben. Die weiteren Puzzleteile ergeben sich dann aus gemachten gemeinsamen Erfahrungen und – nicht zu unterschätzen – dem, was Dritte über uns oder den anderen erzählen! Ein erster Eindruck ist immer subjektiv und damit nicht von uns allein abhängig, sondern immer auch von den jeweilig anderen Personen und deren Gedanken, Gefühlen und Einstellungen. Wir wissen nicht, welche Gedanken, Gefühle, Erwartungen unser Gegenüber mitbringt, welche Erfahrungen er oder sie schon mit Menschen und Unternehmen wie uns gemacht hat oder in welcher Stimmung uns jemand gegenübertritt. Auch beeinflussen die Situation oder die Rahmenbedingungen, unter denen man das erste Mal aufeinander trifft, in nicht unerheblichem Maße das gegenseitige Wahrnehmen. In einer positiv gestimmten, entspannten Atmosphäre fällt ein gegenseitiges offenes Aufeinandereinlassen sicherlich leichter, als wenn wir schon über Dritte vorgewarnt worden sind, wie der oder diejenige (angeblich) „tickt".

Überrascht? Fair oder Unfair? Oberflächlich?

Wichtiger ist, dass Sie das Wissen um diese Mechanismen nutzen, um genau die richtigen nonverbalen Antworten auf diese unausgesprochenen Fragen zu Beginn der Kundenbeziehung zu geben. Der Vorteil: Kennen Sie diese geheimen und unbewussten Mechanismen des ersten Eindrucks, können Sie dieses Puzzleteil bewusst nutzen, um den bestmöglichen ersten Eindruck und somit den Grundstein für eine erfolgreiche Zusammenarbeit bzw. eine ernstgemeinte Kundenbeziehung zu legen.

Wozu ist der erste Eindruck gut bzw. hilfreich?

Im Sport würde man vielleicht sagen: „Der erste Eindruck ist spielentscheidend!" Schaffen Sie es, einen guten ersten Eindruck zu hinterlassen, so erleichtert es in jedem Fall den Einstieg in die Kundensituation. **Überzeugen wir im ersten Moment, so erhalten wir oft so etwas wie einen Vertrauensvorschuss, eine angenehme Basis, mit der wir arbeiten können.** Umgekehrt bedeutet es, sofern wir „im Minus" starten, müssen wir uns ganz schön anstrengen, um überhaupt eine solide Basis für unsere Zusammenarbeit zu finden – unnötige Energie!

Wann beginnt nun der erste Eindruck? Auf Nachfrage fängt bei vielen der Moment des ersten Eindrucks erst in dem Moment an, wo der Kunde entweder einen Laden betritt oder wo der Mitarbeiter im Außendienst vor Ort beim Kunden eintrifft. Beim genaueren Betrachten verschiedener Situationen wird schnell klar, dass der erste Eindruck bereits deutlich vorher beginnen kann.

Beispiel:
Der Kundendienstmitarbeiter einer Firma, die medizinische Geräte vertreibt, machte als Urlaubsvertretung im Nachbargebiet seines Kollegen aufgrund einer akuten Störung einen Kundenbesuch in einem städtischen Krankenhaus. Bevor er zum Kunden hineinging, fragte er noch seine Mailbox nach aktuellen Nachrichten ab und zündete sich nebenbei schnell eine Zigarette an. Nachdem er seine Nachrichten abgehört hatte, nahm er seinen Werkzeugkoffer aus dem Auto und ging zielstrebig zum Empfang, um sich dort anzumelden. Sein Eintreffen wurde schon ungeduldig erwartet. Kurz darauf stand er vor der Laborleiterin, welche die für ihn zuständige Ansprechpartnerin war. Statt einer freundlichen Begrüßung machte die Laborleiterin eine schnippische Bemerkung: „Offensichtlich sehen Sie die Dringlichkeit der Störung nicht als so hoch an, wenn Sie noch Zeit haben, vorher zu rauchen. Mal abgesehen davon ist Ihnen ja wohl hoffentlich klar, dass in einem Krankenhaus Hygienevorschriften gelten und auch für das Rauchen ganz bestimmte Zonen vorgesehen sind!"
In diesem Fall war es so, dass der Kundendienstmitarbeiter, ohne es zu wissen, direkt vor dem Büro der zuständigen Laborleitung geparkt hatte. Diese erwartete den Kundendienst bereits und hatte den Firmenwagen vorfahren sehen. Zufällig hatte sie dann noch mitbekommen, wie der Kundendienstmitarbeiter seine Zigarette achtlos auf dem Parkplatz wegschnippste. Das bedeutet in der Konsequenz, dass der Moment des ersten Eindrucks hier längst passiert war, bevor der Kundendienstmitarbeiter auf seine Kundin traf.

Es lohnt sich immer, den Beginn einer Kundenbeziehung bewusst positiv zu gestalten. Das ist zum einen im Sinne des Unternehmens und erleichtert Ihnen zum anderen den Einstieg in die Situation. Kennen Sie den kürzesten Weg zwischen zwei Menschen? – Ein Lächeln!

> Ein Lächeln kostet nichts, geht schnell und ist immer ein „Türöffner" bzw. macht sympathisch!

Arbeit und angenehme Arbeitsatmosphäre miteinander zu verbinden, muss keine Illusion sein. Sie haben es mit in der Hand: Von Anfang an haben Sie die Gelegenheit, die Weichen aktiv zu stellen. Immer wieder, bei jedem Kundenbesuch neu. Das gilt für Interessenten und Neukunden genauso wie für Ihre alteingesessenen Stammkunden. Überall da, wo Menschen zusammen kommen (Ja, auch Kunden sind Menschen!), steht und fällt die Qualität der Beziehung zueinander mit der Art und Weise, wie zwei Menschen miteinander umgehen, also kommunizieren! Eine gute Vorarbeit ist wichtig und erleichtert es Ihnen, den Kunden für Sie und Ihre Anliegen zu öffnen. Ein positiver, professioneller Einstieg ist aber keinesfalls eine dauerhafte Garantie für ewige Zufriedenheit des Kunden mit Ihnen bzw. Ihrem Unternehmen.

> Die Qualität der Beziehung zwischen Ihnen und Ihrem Kunden steht immer wieder auf dem Prüfstand. Von der ersten Sekunde an, in jedem Gespräch immer wieder neu.

Hand aufs Herz

- Wie komme ich zu meinem Urteil über den Kunden?
- Worauf achte ich in den ersten Sekunden einer persönlichen Begegnung bei meinem Gegenüber? Woran meine ich zu erkennen, was mein Kunde wünscht bzw. wie ich ihn ansprechen soll?
- Was soll mein Kunde für einen ersten Eindruck von mir erhalten (Ziel)?
- Bin ich mir der Wirkung des ersten Eindrucks auf die weitere Kundenbeziehung immer bewusst?
- Wie verhalte ich mich bei Kunde A bzw. bei Kunde B in der ersten Phase des Kundenbesuchs?
- Mache ich Unterschiede und wenn ja, welche?
- Wozu führt das in der Konsequenz? (Echo-Prinzip)
- Wie hat der Kunde auf mich gewirkt?
- Was kann ich täglich ganz konkret dafür tun, dass jedes (erste) persönliche Zusammentreffen mit meinem Kunden eine optimale Basis für die weitere Kundenbeziehung bildet?

Perspektivenwechsel:
- Was steht wohl auf dem Etikett, das mir mein Lieblingskunde auf seiner Schublade für mich gegeben hat?
- Insbesondere: Was steht wohl auf dem Etikett, das mir der Kunde innerlich gegeben hat, mit dem ich immer wieder aneinandergerate oder den ich nicht leiden kann?
- Wie positiv kann der erste Eindruck des Kunden überhaupt sein?
- Wie würde mein Kunde die Qualität unserer Beziehung wohl beschreiben? Was macht sie konkret aus?
- Was schätzt er an mir?

Professioneller Außenauftritt

Welches Unternehmen behauptet nicht, eine klare CI (corporate identity) zu haben? Einheitliches Auftreten nach außen scheint selbstverständlich zu sein, glaubt man den in Hochglanz gedruckten Firmenbroschüren. Im Abgleich mit dem Berufsalltag tauchen hier jedoch häufig Diskrepanzen auf.

Beispiel:
Die Kundendienstmitarbeiter eines inhabergeführten, mittelständischen Unternehmens trugen Arbeitskleidung mit Aufdruck des Firmennamens. Die Mitarbeiter bekamen ihre Arbeitskleidung nicht zu 100 Prozent von der Firma gestellt, sondern mussten zu jeder Hose oder Jacke einen Eigenanteil dazu bezahlen. Da vielen Mitarbeitern die Arbeitsbekleidung nicht gefiel, entwickelte sich nach kurzer Zeit eine Eigendynamik, die dazu führte, dass einige Mitarbeiter ihre vom Unternehmen vorgegebene Arbeitskleidung mit eigenständig georderter Ware von anderen Herstellern kombinierten. Mit der Begründung: „Bezahlen muss ich ja sowieso etwas!" trugen nun die Kundendienstmitarbeiter zum Teil Arbeitsbekleidungsstücke, die gar nicht von ihrem Arbeitgeber stammten, sondern die ihnen einfach gefielen.

Perspektivenwechsel: Was bedeutet das aus Kundensicht?
In der Konsequenz bedeutete das, dass dem Kunden vielfältigste Varianten begegneten. Der Kunde war irritiert und erkannte den jeweiligen Kundendienstmitarbeiter unter Umständen erst auf den zweiten Blick. Hier gilt es, ganz klare Standards zu setzen: Ein einheitliches Erscheinungsbild fängt beim Mitarbeiter an und geht im Außendienst vom Aussehen des Firmenwagens bis hin zu mitgeführten Gegenständen wie Taschen oder Werkzeugkoffer. Alles hinterlässt einen Eindruck, ob wir wollen oder nicht, es passiert einfach.

Beispiel:
In einem Training erzählte mir ein erfahrener Kundendienstmonteur, dass er seit Jahren mit einem pedantischen Kunden „aneckte". Der Vorwurf war immer wieder derselbe: Der anspruchsvolle Kunde hinterfragte laufend, ob er auch sorgfältig und kompetent arbeiten würde. Regelmäßig stand der eher vornehme Kunde hinter ihm im Maschinenraum, um seine Arbeit zu kontrollieren, obwohl es keinen Grund dafür gab, wie mir der Monteur Herr Weinert glaubhaft versicherte. Nebenbei: Mittlerweile redete er nur noch das Nötigste mit dem Kunden, da er sich in seiner Position als „alter Hase" mit viel Know-how zu Unrecht kritisiert fühlte. Sicherlich keine gute Situation, um Kundenzufriedenheit, geschweige denn Kundenbegeisterung zu erzeugen.
Um mir einen persönlichen Eindruck von der Situation zu machen, begleitete ich diesen Monteur einen Tag lang. Bereits bei unserem ersten Kundenbesuch passierte es, ob ich wollte oder nicht: Es war der Moment, als Herr Weinert statt eines erwarteten Werkzeugkoffers mit Firmenaufkleber einen alten, zerschrammten Eimer mit einem losen Werkzeugsammelsurium aus dem frischgewaschenen Firmenwagen nahm. *„Der will doch wohl nicht mit diesem Eimer beim Kunden erscheinen? Wo hat er bloß sein richtiges Werkzeug für die professionelle, technische Lösung des Kundenauftrags? Das sieht ja genauso aus, als wenn mein Mann als leidenschaftlicher Hobbyhandwerker loslegen will!",* waren Gedanken, die mir durch den Kopf schossen – ob ich wollte oder nicht.

Wir können einfach nicht anders, wir assoziieren und schließen von dem, was wir sehen, auf Aspekte und Verhaltensweisen, die in der logischen Konsequenz gar nicht zwingend etwas miteinander zu tun haben müssen. Untersuchungen haben ergeben, dass besonders visuelle Reize eine gewichtige Wirkung erzielen. In diesem Fall war die Schlussfolgerung klar: Wer sein Werkzeug so „schusselig" aufbewahrt, der wird ganz sicher auch so arbeiten. Auf meine Nachfrage hin betonte der Monteur, das sei seit Jahren sein ganz persönlicher Lieblingseimer, in dem er das gesamte Werkzeug für seine (wohlbemerkt qualitativ anspruchsvollen) Aufträge aufbewahre. Aus meiner Sicht ein kleines Wunder, dass er bisher so deutlich nur mit einem Kunden angeeckt war. Gleichzeitig ein Alarmsignal, das es zu beachten gilt: Wie viele Kunden haben sich innerlich auch schon gefragt, ob Herr Weinert der richtige Mann für die Reparatur ihrer hochwertigen technischen Anlage ist? Was nützt es Ihnen, wenn der Kunde Ihnen zwar grundsätzlich vertraut, aber bei der nächsten sich bietenden Gelegenheit zum Wettbewerber wechselt, einfach weil der auch im äußeren Auftreten irgendwie professioneller wirkt?

Die Rolle als persönliche Visitenkarte des Unternehmens
Als persönliche Visitenkarte eines Unternehmens hat jeder Mitarbeiter im direkten Kundenkontakt täglich mehrere Gelegenheiten, einen professionellen Eindruck zu hinterlassen. Nein, mehr noch: Jeder von Ihnen hat die Verantwortung, im Sinne seines Unternehmens einen guten Eindruck zu machen! Nach dem Motto „Jede Medaille hat mindestens zwei Seiten" bedeutet das im Umkehrschluss natürlich, dass jeder Mitarbeiter im Kundenkontakt täglich genauso viele Gelegenheiten erhält, sich amateurhaft zu verhalten und Kunden im schlimmsten Fall zu verlieren. Machen Sie sich bewusst, dass Sie während Ihrer gesamten Arbeitszeit für das Unternehmen stehen.

Beispiel:
Herr Grabow ist Angestellter bei Firma *Brinkmann*. Im täglichen Kundenkontakt wird er als *Brinkmann* wahrgenommen. Das bedeutet konkret: Läuft etwas schief und reklamiert ein Kunde, so wird er in den meisten Fällen sagen „*Brinkmann* ist ein Saftladen!"

statt „Der Herr Grabow von *Brinkmann* hat seine Sache schlecht gemacht." – vorausgesetzt, dass er den Namen überhaupt kennt! Das Gleiche gilt für die positive Variante. Werden wir irgendwo besonders gut beraten oder bedient, so sprechen wir in erster Linie anderen gegenüber von dem Unternehmen. „Bei *Brinkmann* ist die Beratung spitze!" Selten wird jemand sagen: „Der Herr Maier von *Brinkmann* hat uns gut beraten!"

Was heißt das in der Konsequenz? Auch wenn Sie letztendlich zuerst immer über Ihre Person bzw. Persönlichkeit überzeugen, so ist doch für den Kunden stets das Unternehmen besonders präsent. Das bedeutet, dass Sie mit Ihrem Verhalten einen großen Einfluss auf die Wahrnehmung des Kunden in Bezug auf das gesamte Unternehmen haben!
Professionell nach außen zu agieren ist weit mehr, als sich bewusst positiv zu stimmen und achtsam im Umgang mit dem Kunden zu sein. Der zweite Schritt in dem Bewusstsein, als persönliche Visitenkarte des Unternehmens wahrgenommen zu werden, bedeutet auch: Sowohl Ihr äußeres Erscheinungsbild als auch Ihr Verhalten sollten die Grundsätze, Werte oder das gewollte Image Ihres Unternehmens in irgendeiner Form wiederspiegeln.

Beispiel:
Steht Ihr Unternehmen für besonders hochwertige, edle Produkte oder ganz spezielle Dienstleistungen, so kann der Kunde selbstverständlich auch einen besonderen Service und Umgang von Ihnen erwarten. Alles andere wäre eine Enttäuschung!

Achtung: Es gibt viele Momente, in denen Sie sich Ihrer Rolle als persönliche Visitenkarte des Unternehmens besonders bewusst sein sollten. Sobald Sie Arbeitskleidung mit Namensaufdruck tragen oder Sie mit einem Firmenwagen unterwegs sind, repräsentieren Sie Ihr Unternehmen. Auch wenn Sie in Arbeitskleidung beim Bäcker freundlich bzw. unfreundlich Brötchen bestellen oder im Straßenverkehr angepasst oder auffällig fahren ... Diese Momentaufnahmen werden im Zweifel nicht als Aktionen einzelner Personen wahrgenommen, sondern auf das Verhalten und Auftreten einer gesamten Firma übertragen. Drei Eckpfeiler bilden das wesentliche Fundament, um mit dem Kunden professionell in Kontakt zu treten:

- Das äußere Erscheinungsbild,
- das Verhalten im direkten Kundenkontakt und
- die Sprache, die wir dem Kunden gegenüber sprechen.

Nehmen Sie sich vor jedem Kundenbesuch ganz bewusst Zeit für eine **Bordsteinkonferenz**!

Der Schlüssel zum Glück, um vom Kunden bereits im ersten Eindruck positiv wahrgenommen zu werden, hängt von dem Zusammenspiel aller drei Faktoren ab – dem Gesamteindruck. Ihre Kunden haben intuitiv ein klares Gefühl, ob sie Sie als stimmig erleben oder eben nicht. Das bedeutet in der Konsequenz, um das Vertrauen Ihrer Kunden zu gewinnen, sollte das, was Sie wie sagen und was Sie machen, zueinander passen und sich im besten Fall auch in Ihrem äußeren Erscheinungsbild zeigen (Authentizität).
Mir ist wichtig, an dieser Stelle zu betonen, dass es nur Sinn macht, wenn Sie es ehrlich mit Ihrem Kunden meinen. Alles andere wäre unangebracht, nicht echt oder übertrieben. Das spürt Ihr Kunde garantiert. Ob bewusst oder unbewusst, er

wird sich gegen Sie bzw. gegen das Unternehmen, für das Sie stehen, entscheiden.

Beispiele:
- Es nützt nichts, wenn Sie zwar saubere und einheitliche Firmenkleidung tragen, aber den Kunden gleichzeitig unfreundlich begrüßen. Der Kunde wird sich nicht wohlfühlen, kauft wahrscheinlich nichts und, noch viel schlimmer: Er war vielleicht das letzte Mal bei Ihnen.
- Ein Verkäufer, der zwar sehr freundlich in der Formulierung ist, aber durch seine Mimik deutlich seinen Ärger oder durch seine Körperhaltung seine Ungeduld zeigt, wird einen Kunden nicht überzeugen können.

Unser Äußeres, unsere Körpersprache und das, was wir sagen, muss stimmig sein. Der Kunde kann zwar oft nicht genau sagen, was ihn irritiert, aber solange er kein gutes Gefühl bei der Sache hat, werden Sie seine Unterschrift nicht oder nur widerwillig erhalten. Letzteres wiederum kann niemals ein Ziel sein, wenn wir langfristig nachhaltige Kundenbeziehungen erreichen wollen (Achtung Kaufreue!).

Wirkungsfaktoren

Ist Ihnen (noch) bewusst, was alles eine Wirkung beim Kunden erzielt? Neben dem äußeren Erscheinungsbild, der Sprache und dem Zusammenspiel aus beidem (= authentisches Auftreten) wirken viele weitere Faktoren unterbewusst mit. Dazu gehören zum Beispiel: Das Equipment bzw. die Ausstattung, vor allem im Hinblick auf Statussymbole bzw. Markenware, besondere Situationen, Rahmenbedingungen und Hintergrundgeräusche.

Wirkungsfaktoren

Nonverbal	Verbal
Arbeitsbekleidung	Betonung
Firmenwagen	Lautstärke
(Körper) Schmuck	Sprechtempo
Körperhaltung	Dialekt
Gestik	Einsatz von Fremdwörtern
Mimik	Einsatz von Fachbegriffen
Blickkontakt	Ausdruck, Satzlänge
Lächeln	Einsatz von Pausen
Geruch	Verständlichkeit
Distanz	

Die Sache mit dem Bauchgefühl!

Losgelöst von der (möglicherweise sehr guten) fachlichen Beratung oder Auftragsausführung eines Mitarbeiters hat jeder Mensch ein untrügliches Gespür dafür, ob er mit offenen Armen willkommen geheißen oder ob er beispielsweise eher als unangenehm, lästig oder störend empfunden wird. Der eine mehr, der andere weniger. Manchmal können wir es nicht einmal an einer Sache festmachen, aber unser Bauchgefühl sagt uns sehr deutlich, ob uns etwas gefällt oder gegen den Strich geht.

Besonders in technischen Berufsfeldern ist es für die Kundendienstmitarbeiter oft eine echte Herausforderung, die Emotionen (Gefühlslage) der Kunden zu erkennen und darauf einzugehen. In den meisten Fällen steht die technische Lösungsorientierung an erster Stelle. Was gut gemeint ist, kommt beim Kunden gerade in schwierigen Situationen oft anders an. Solange Ihr Kunde kein Verständnis oder keine Anerkennung für seine Wut oder Verzweiflung erhält, wird er sich unverstanden fühlen bzw. vielleicht gekränkt sein. Doppelt schade, wenn Sie aufgrund eines klassischen Missverständnisses nicht zueinander kommen. Mit so einem negativen Gefühl im Bauch kann Ihr Kunde beim besten Willen nicht offen für Ihre Vorschläge sein, auch wenn sie im Sinne des Zeitsparens vielleicht sogar gut gemeint sind.

Auch ich erlebe im Alltag selbst als Kunde immer wieder unzählige Situationen durch alle Branchen hinweg, in denen sowohl bewusst als auch unbewusst die Gefühle und Erwartungen der Kunden vollkommen ignoriert werden. Auch die beste fachliche Kompetenz oder eine besondere Ausbildung bzw. Qualifikation wird zu keiner positiven (Kauf-)Entscheidung führen, solange sich der Kunde nicht ernstgenommen fühlt. Das heißt, eine professionelle Reaktion im Rahmen eines Kundengespräches darf sich niemals nur auf das Gehörte beziehen, sondern auch auf das, was Sie im Verhalten Ihres Kunden körpersprachlich beobachten bzw. wahrnehmen.

Kleinste Details entscheiden heute oft schon über „Kunde oder Nichtkunde". Das bedeutet in der Konsequenz: Um mich vom Wettbewerb zu unterscheiden und den Kunden dauerhaft an mich bzw. mein Unternehmen zu binden, reicht die pflichtbewusste Aufgabenerfüllung bei weitem nicht aus. Das Ziel kann doch nur sein, dass sich der Kunde mit uns wohlfühlt und sich aus diesem guten Gefühl heraus (erneut) für uns oder unser Produkt entscheidet und zwar vom ersten Moment an. Alles andere ist aus meiner Sicht eine fahrlässige (oft unbewusste) Entscheidung gegen den Kunden!

Beispiel:
>Nach einem beruflichen Termin bummelte ich noch kurz durch ein Einkaufscenter. Als ich in einer Abteilung mit Accessoires ein Tuch anfasste, kam sofort eine Verkäuferin auf mich zu. „Haben Sie sich dafür entschieden?", war ihre überfallartige Frage, ohne dass sie mich begrüßt hätte, von fachlicher Beratung ganz zu schweigen. Wortlos folgte sie mir zum Spiegel und unterbrach bald darauf (über)motiviert meine Überlegungen: „Soll ich das Tuch für Sie an die Kasse bringen?"

Ich war fassungslos über diese rigorose Art, um jeden Preis verkaufen zu wollen – Verkaufsprämien hatten offensichtlich in den Augen der Verkäuferin Priorität, (meine) Kundenwünsche waren es nicht wert, erfragt zu werden. Obwohl bereits zum Kauf entschlossen ging ich ohne das Tuch, letztlich nur, um diese aufdringliche Person loszuwerden. Das bedeutet in der Konsequenz, weder das Unternehmen noch die Verkäuferin haben Umsatz gemacht, obwohl ich grundsätzlich bereit war, mein Geld in diesem Geschäft zu lassen.

Positive Kaufentscheidungen werden nur getroffen, wenn mein Gegenüber es versteht, für eine angenehme Gesprächsatmosphäre zu sorgen. Davon kann wohl kaum die Rede sein, wenn ein Verkäufer wie eine lästige Fliege an einem klebt oder sich mehrere Angestellte angeregt unterhalten und ihren Kunden überhaupt nicht wahrnehmen. Wer ignoriert oder bedrängt wird, fühlt sich nicht wohl.

Anteil der verbalen und nonverbalen Kommunikation
Der Hochschullehrer Samy Molcho ist nach eingehenden Forschungen zu dem Ergebnis gekommen, dass das gesprochene Wort nur den kleinsten Anteil (ca. 10-20 %) an einer Botschaft hat, während unsere nonverbale Kommunikation mit ca. 80–90 % Anteil Einfluss auf unsere Reaktionen im Gespräch nimmt.
Dieser Aspekt der Kommunikation lässt sich durch das „Eisberg-Modell" von Sigmund Freud gut darstellen: Beim Eisberg-Modell steht die Spitze des Eisbergs für die **Sachebene**, auf der zum Beispiel Ziele, Standpunkte und Argumente in Form von Zahlen, Daten und Fakten (kurz: **ZDF**) ausgesprochen und ausgetauscht werden. Das gesprochene Wort, Ihre Körpersprache und Ihr Verhalten befinden sich über der Wasseroberfläche, sind also für andere (Ihre Kunden) *bewusst* wahrnehmbar (sichtbar bzw. hörbar).
Erstaunlich ist, dass der *unbewusste* Bereich unter der Wasseroberfläche, die **Beziehungsebene,** weitaus größer ist. Unter der Wasseroberfläche befinden sich Gefühle, Bedürfnisse, Werte, Erfahrungen, Wünsche und Motive. Unser Bauchgefühl macht

zwischen 80 und 90 % aus und hat einen enormen Einfluss auf unsere (Kauf-)Entscheidungen, also auf das, was uns bewusst ist und über der Wasseroberfläche passiert.
Es ist aus meiner Sicht zweitrangig, wie exakt die prozentualen Ergebnisse dieser Untersuchungen und Kommunikationsmodelle sind, entscheidend ist doch: Das, was wir oft unbewusst fühlen (Bauchgefühl), hat einen maßgeblichen Einfluss und gibt oft sogar den Ausschlag für oder gegen eine Entscheidung, die ich im Kopf (Verstand) nach außen wahrnehmbar für den anderen getroffen habe.
Stellen Sie sich vor: Sie wollen selbst als Kunde ein Produkt kaufen, das es in vielen Geschäften gibt. Sie entscheiden sich für ein Geschäft, das bereits einen guten Ruf genießt. Leider erwischen Sie an diesem Tag einen Verkäufer, der entweder eine schlechte Tagesform oder offensichtlich den Spaß an seiner beruflichen Aufgabe verloren hat. Der Verkäufer wirkt mürrisch und desinteressiert. Seine Beratung zu dem Produkt, das Sie interessiert, scheint heruntergeleiert, weitere Informationen müssen Sie ihm regelrecht aus der Nase ziehen. Sie kommen sich vor, als wären Sie kein willkommener Kunde, sondern eher, als würden Sie stören und lästig sein.
Das heißt in der Konsequenz: Obwohl Ihnen das Unternehmen empfohlen wurde und Sie an einem der dort geführten Produkte interessiert sind, werden Sie sich mit größter Wahrscheinlichkeit in der Situation *gegen* einen Kauf entscheiden, insbesondere, wenn es woanders eine Alternative gibt.

Fazit:
Die Bedeutung des Bauchgefühls wird oft unterschätzt, nur weil man es nicht sehen oder eben messen kann. Machen Sie sich klar: Es ist nie bewusst im Raum und nimmt doch jedes Mal entscheidenden Einfluss auf den Verlauf eines Gespräches.

Die sachlich vorgebrachten Argumente, die für das Produkt sprechen, werden aller Wahrscheinlichkeit nach an Ihnen abprallen, da das negative Gefühl (z.B. schlecht behandelt zu werden) unbewusst überwiegt. Kennen Sie das? Unser Verstand sagt „Ja", denn es hört sich alles so gut an, gleichzeitig „grummelt" unser Bauch und sagt uns unterschwellig, aber spürbar: „Lass die Finger davon. Irgendetwas ist komisch hier." Sie können jemandem in der Formulierung etwas Freundliches sagen und trotzdem kommt es bei Ihrem Kunden nicht gut an. Er hat (zu Recht?) ein komisches Gefühl. Ein guter Hinweis darauf, dass Menschen sehr wohl spüren, ob wir sie und ihre Anliegen ernst nehmen, unabhängig davon, was wir sagen.

> Eine auswendig gelernte, rein angewendete Gesprächstechnik ohne das entsprechende authentische Gefühl dazu wird bei Ihrem Gegenüber im Zweifel als gekünstelt ankommen. Das bedeutet in der Konsequenz keine positive Kaufentscheidung für Sie!

Im positiven Fall bedeutet es, dass ein Mitarbeiter im Kundenkontakt, der mit Leib und Seele dabei und stets engagiert ist, durch sein authentisches Verhalten ein angenehmes Gefühl bei seinem Kunden hervorruft. „Ich fühle mich bei Ihnen gut aufgehoben!"/„Ich habe ein gutes Gefühl!", sind typische Sätze von Kunden, deren Verkäufer oder Servicemitarbeiter es verstehen, auf ihre Kunden individuell einzugehen. Wer ein angenehmes Bauchgefühl hat und sich gut aufgehoben fühlt, der ist offen für sein Gegenüber und in der Konsequenz grundsätzlich bereit, sich von Ihnen oder Ihrem Produkt bzw. Ihrer Dienstleistung überzeugen zu lassen.

> Eine offene, respektvolle Haltung und das ernst gemeinte Ziel, stets das Beste für den individuellen Kunden zu erreichen, schafft eine angenehme Gesprächsatmosphäre. Eine solide Basis für eine erfolgreiche Kundenbeziehung.

„Antennen an!"

- Achten Sie auf feinste Signale! Sowohl die Körpersprache (z.B. Kopfnicken oder Kopfschütteln, angespannte oder entspannte Körperhaltung) als auch die Sprache (positive oder negative Formulierungen) und die Stimme (Lautstärke, Schweigen) geben wertvolle Hinweise darauf, was der Kunde von Ihnen bzw. Ihren Empfehlungen hält. Das Ziel, das

deutlich über allen anderen möglichen Zielen stehen muss, heißt: „Unser Kunde muss sich gut aufgehoben fühlen!"
* Erfragen Sie die Wünsche und Bedürfnisse Ihres Kunden ganz *gezielt*.
  – Was braucht mein Kunde wofür?
  – Was ist ihm wichtig? („Worauf legen Sie Wert?")
  – Welche Details bzw. Beispiele dafür kenne ich? Habe ich seine Zustimmung im Hinblick auf meine Empfehlung? Direkt: „Sind Sie damit einverstanden? Sehen Sie das genauso?"
  Indirekt: Nicken, Lächeln, Stirnrunzeln ...

Das ist die Grundlage für den nächsten Schritt: die individuelle, maßgeschneiderte Beratung.

In Kontakt sein – Phase 2 des Kundenbeziehungszyklus

Wichtige Soft Skills
Welche Soft Skills sind in dieser Phase von besonderer Bedeutung?
- Offenheit
- Kommunikationskompetenz
- Achtsamkeit
- Sorgfalt
- Engagement
- Loyalität
- Empathie
- Kritikfähigkeit
- Flexibilität
- Verhandlungsgeschick
- Zuverlässigkeit
- Zielorientierung

Die Kommunikation mit den Kunden

Sind Sie offen für den professionellen Umgang mit Menschen unterschiedlicher Herkunft, jeden Alters, für Männer und Frauen gleichermaßen? Sind Sie bereit, für jeden Kunden die bestmögliche Lösung zu erarbeiten, das heißt bei *jedem* Kunden 100 Prozent für die Erstellung der maßgeschneiderten Lösung zu geben?

Offenheit und eine wertschätzende Grundhaltung: Für mich sind das wesentliche Schlüsselkompetenzen eines Mitarbeiters im regelmäßigen Kundenkontakt. Privat können Sie jederzeit frei entscheiden, mit wem Sie in Kontakt sein und mit wem Sie sich nicht umgeben möchten. Beruflich haben Sie in den seltensten Fällen Einfluss auf die Wahl Ihrer Kollegen oder Vorgesetzten, geschweige denn, dass Sie sich Ihre Kunden aussuchen können. Die logische Konsequenz ist aus meiner Sicht: Jeder Mitarbeiter, der regelmäßig im Kundenkontakt steht (ganz gleich ob persönlich oder telefonisch), benötigt eine große Portion ehrliche Offenheit und Toleranz, um mit jedem Kundentyp professionell umgehen zu können.

Zu den reinen Fakten auf der Sachebene (ZDF = Zahlen, Daten, Fakten) schwingt bei jedem Satz, den ich sage, und bei jeder Botschaft, die ich sende, gleichzeitig auf der Beziehungsebene mit, wie ich zu meinem Gegenüber stehe. Dieses Wissen und eine offene Grundhaltung, sowie ehrliche Freude am Umgang mit verschiedenen Menschen ist eine zwingende Voraussetzung in Berufen mit Kundenkontakten. Eine wertschätzende Art fördert und stärkt eine gute Kundenbeziehung. Es ist eine solide Grundlage, denn ein weiser Spruch sagt:

> „Eine gute Beziehungsebene trägt fast alles!"

Das ist insbesondere in schwierigen Situationen unter Umständen der entscheidende Punkt. Ein Kunde, dem Sie durch Ihre offene Art sympathisch sind, der gewährt Ihnen so etwas wie einen Vertrauensvorschuss und fühlt sich auch noch an Sie bzw. Ihr Unternehmen gebunden, wenn seine Erwartungen einmal nicht hundertprozentig erfüllt wurden oder sogar wenn er einmal ausnahmsweise enttäuscht wurde bzw. Ihnen ein Fehler unterlaufen ist. Spürt der Kunde, dass Sie ihn schätzen und sein Anliegen ernst nehmen, so entsteht schnell eine angenehme Gesprächsatmosphäre. Das bedeutet in der Konsequenz ein gutes Bauchgefühl, also die beste Grundlage für eine erfolgreiche Kommunikation!

- Zeigen Sie ein Herz für Ihre Kunden.
- Nehmen Sie sie an die Hand.
- Geben Sie 100 Prozent, um (unter Berücksichtigung des wirtschaftlichen Aspekts) gemeinsam die bestmögliche, individuelle Lösung für den Kunden zu finden!

Aus Erfahrungen von zahlreichen Trainings ist mir bewusst, dass besonders engagierte und erfahrene Mitarbeiter im Kundenkontakt spätestens an dieser Stelle oft vollkommen neue Tools oder wenigstens komplexe theoretische Modelle erwarten, nach dem Motto „Das sieht ja auch immer so schön (wichtig) aus!" Ich kann verstehen, dass es zunächst interessanter wirkt, wenn einem etwas vollkommen Neues begegnet, vieles ist ja bereits ausreichend beschrieben. Gleichzeitig mahne ich an dieser Stelle bewusst: Wer den Anspruch hat, seinem Kunden Topleistungen im Kundenkontakt zu bieten, der sollte sich bewusst Zeit für die scheinbaren Banalitäten nehmen! Wer für sich in Anspruch nimmt, sorgfältig und auf hohem Niveau individuell Maß zu nehmen, also die bestmögliche Lösung für den Kunden herauszufinden, der sollte von Anfang an achtsam Schritt für Schritt vorgehen.

Nehmen Sie sich bewusst Zeit, um professionell Maß zu nehmen – auch und gerade, wenn Sie die Bedürfnisse Ihrer Kunden schon hundertfach richtig eingeschätzt und oft ein gutes Augenmerk bewiesen haben. Seien Sie sorgfältig! Bereits hier wird der Grundstein für den erfolgreichen Kundenkontakt gelegt! Tagtäglich erlebe ich hier als private Kundin und auch in meiner Trainerrolle, dass grundlegende Aspekte zum Teil vollkommen vernachlässigt werden – bewusst und unbewusst. Das bedeutet in der Konsequenz, dass sich ausnahmslos jeder Mitarbeiter, der bereits jahrelang im Kundenkontakt steht und für sich in Anspruch nimmt, professionell im Umgang mit dem Kunden zu agieren, *immer wieder* mit dem Thema Kommunikation befassen muss. Da Kommunikation oft im gleichen Atemzug mit Basiswissen genannt wird, scheint das Thema schnell als „erledigt, kenne ich, ist eher lästig" abgehakt zu werden. Wie sonst lässt es sich erklären, dass der Anspruch, die Nr. 1 zu sein und jeden Kunden begeistern zu wollen, leider allzu oft lediglich die theoretische, wenn auch schicke Hochglanzprospektversion eines Unternehmens ist? Wer als Mitarbeiter Anspruch auf individuelle oder besondere Leistungen erhebt und für Qualität steht, der sollte sich zu 100 Prozent in jeder Phase des Kundengesprächs für seinen jeweiligen Kunden engagieren und bewusst präsent sein.

„Man kann nicht nicht kommunizieren!" (Paul Watzlawick)

Mit dem Wissen, dass man nicht nicht kommunizieren kann, ist der Abgleich mit der Realität gerade in der Phase des Erstkontakts oft erschreckend amateurhaft. Es mangelt häufig an der Konsequenz, über alle Ebenen hinweg einheitliche Standards zu setzen und darüber hinaus, sie zu leben.
Sich mit Basics zu beschäftigen, gerade wenn Sie schon ein alter Hase in Ihrem Beruf sind, klingt natürlich nicht sehr attraktiv. „Basics sind was für Berufsanfänger!", höre ich immer wieder in Trainings. Übertragen auf einen Hausbau ist kurioserweise gleichzeitig jedem klar, dass ein solides Fundament, also die Basis, das Entscheidende ist. Ein Haus steht nur dauerhaft sicher, wenn es auf einem soliden Fundament gebaut wurde. Es ist weit über die erste Bauphase hinaus wichtig und bildet die sichere Grundlage für jede weitere Veränderung. Dasselbe gilt für Ihre Arbeit.

„Antennen an!"
Gehen Sie achtsam und sorgfältig vor. Nehmen Sie sich bewusst gerade zu Beginn dieser Kundenkontaktphase Zeit für Ihren Kunden. Unterschätzen Sie diese Phase des Gesprächs aufgrund

Ihrer eventuellen langjährigen Berufserfahrung nicht. Es kommt oft auf die Feinheiten (z. B. Randbemerkungen) und kleinen Details (z. B. körpersprachliche Signale) an, ob sich der Kunde verstanden fühlt. Ein Maßanzug, bei dem sich jemand um einen Zentimeter vermessen hat, passt schon nicht mehr.

Die Bedarfsermittlung
Es ist geschafft. Wir sind mit dem Kunden in Kontakt und haben die große Chance, ihn für uns bzw. unser Unternehmen oder die jeweilige Leistung dahinter zu begeistern. Was für ein Geschenk! Nehmen wir doch einmal den so gerne verwendeten Anspruch

„Der Kunde steht im Mittelpunkt unseres Handelns!"

ernst und fangen bei A wie „Ausreden lassen" bzw. „Aktives Zuhören" an.

Ausreden lassen und Aktives Zuhören
Ein Thema, das gerade in Trainings bei erfahrenen Mitarbeitern manchmal für ein genervtes Augenrollen sorgt. „Das ist ja wohl selbstverständlich! Mit solchen Banalitäten muss ich meine Zeit nicht mehr verschwenden", rief mir empört der Abteilungsleiter eines Textilfilialisten zu. Sicherlich klingt es unattraktiv, sich wieder mit dem „ABC" zu befassen – das ist soweit für mich nachvollziehbar. Gleichzeitig aber zeigt mir diese offensichtlich weit verbreitete Ansicht, wie stark genau diese sozialen Kompetenzen unterschätzt werden. Regelmäßig und immer wieder, von Berufseinsteigern wie auch von „alten Hasen" – mit fatalen Folgen!
Die Gründe, Ihren Kunden nicht ausreden zu lassen, sind vielfältig, und eine plausible Erklärung gibt es sicher auch sofort dafür. Möglich, dass Sie es mal wieder gut meinen und im Sinne des Kunden einfach Zeit sparen wollen. Sie wissen bereits nach den ersten ein, zwei Sätzen Ihres Kunden, was er möchte und was ihm wichtig ist – möglicherweise. Vielleicht lagen Sie in der Vergangenheit sogar schon mehrfach richtig mit Ihren

Vermutungen in Bezug auf die erwartete Lösung. Heute kann sich die Situation allerdings ganz anders darstellen und wir überhören vielleicht eine wichtige Detailinformation, weil wir gedanklich bereits bei der vermeintlich richtigen Lösung sind. Der ehrenwerte Gedanke dahinter („Lieber Kunde, ich weiß ja aus meiner Erfahrung, was für Dich das Beste ist!") bringt uns manchmal dazu, dass wir (entgegen jeder guten Kinderstube) unsere Kunden vorzeitig unterbrechen. Ein weiterer ehrenwerter Aspekt, den ich in diesem Zusammenhang immer wieder von engagierten Mitarbeitern höre, ist: „Zeit ist heute knapp und kostbar. Es ist doch im Sinne des Kunden, wenn ich schnellstmöglich handle, oder?". Manchmal reicht ein Schlüsselwort und wir meinen, wir wissen genau, worum es geht.

Beispiel:
In einem renommierten Hotel in Niedersachsen trat ein paar Stunden vor einer großen Veranstaltung mit ca. 100 Personen an einem von zwei vorhandenen Aufzügen zum wiederholten Male eine technische Störung auf. Sollte der Aufzug zum Zeitpunkt der Veranstaltung ausfallen, wäre das eine Katastrophe! Der Leiter der Haustechnik rief wütend die technische Service-Hotline an und schilderte sein Anliegen. Als der zuständige Monteur des beauftragten Aufzugsunternehmens beim Kunden eintraf, hatte er schon eine grobe Vorstellung davon, was für eine Störung beim Aufzug vorlag, da ihm zum einen der Aufzug aus der routinemäßigen Wartung vertraut war und zum anderen hatte der Kunde der Hotline gegenüber ja schon die Störung geschildert. Wozu also noch lange zuhören? Der Monteur machte sich direkt auf den Weg zum Aufzug, um das Problem zu lösen.

Schade, wenn der Kunde vor Ort das dringende Bedürfnis hat, seinem Ärger Luft zu machen. Schwierig, wenn er noch dazu eine für Sie wichtige Detailinformation gerne losgeworden wäre. Manchmal schaffen wir es gerade noch aus reiner Höflichkeit, den Kunden ausreden zu lassen. Das ist allerdings weit entfernt von ernsthaftem Zuhören, geschweige denn aktivem Zuhören. Auch wenn wir nach außen hin den Kunden ausreden lassen und ihm scheinbar zuhören ... Ein regelmäßiges

„Hhm, ja, Hhm," hat definitiv noch nichts mit dem ernsthaften Hinterfragen, worum es heute, hier und jetzt geht, zu tun.
Eine saubere Bedarfsermittlung ist jedoch das Fundament für die Entwicklung unseres individuell auf den Kunden zugeschnittenen Lösungsangebotes. Wie können wir seriös eine maßgeschneiderte Lösung für unseren Kunden anbieten, wenn wir nicht einmal Maß nehmen? Auch ein sorgfältig geschneiderter Maßanzug von exzellenter Qualität passt einem Kunden nach Jahren unter Umständen nicht mehr. Er selbst oder seine Bedürfnisse haben sich verändert.
Eine andere mögliche Situation: Sie sind anderer Meinung als Ihr Kunde und das vor dem Hintergrund, dass Sie der Fachmann sind und der Kunde aus seiner Sicht als Laie die Situation vollkommen anders bewertet. Sie kennen das beruflich wie privat: Sofern zwei Personen mit besonders viel Engagement oder sogar mit unterschiedlichen Ansichten aufeinandertreffen, möchte jeder sein Thema anbringen. Mit der nötigen Portion Herzblut dazu ist es ganz sicher eine echte Herausforderung, den Kunden überhaupt ausreden zu lassen. Wenn ich das kaum schaffe, wie kann ich dem Kunden dann überhaupt aktiv zuhören? Reine Illusion! Was eben noch einfach und banal klang, scheint plötzlich kaum möglich.

Hand aufs Herz

- Ist es nicht oft so, dass wir statt zuzuhören bereits im Kopf unser weiteres Vorgehen planen?
- Oder wenn es um unterschiedliche Meinungen geht, unsere Gegenargumentation bereits im Kopf vorbereiten, damit wir, wie häufig gefordert, sofort eine Antwort, Erklärung oder Lösung parat haben?
- Wie können wir dann ernsthaft behaupten, dass Ausreden lassen und aktives Zuhören für uns selbstverständliche Eigenschaften sind?

Leider gehen uns durch diese Vorgehensweise unter Umständen heute, hier und jetzt wichtige Detailinformationen verloren.

> Alles ist eine Momentaufnahme!
> Auch wenn wir schon zehnmal in der Sache richtig lagen:
> Irrtum nie ausgeschlossen, es kann immer anders kommen!

Schaffen Sie es, dem Kunden trotz aller vielleicht bereits vorhandenen Informationen wirklich ernsthaft und offen zuzuhören, so entstehen dadurch gleich mehrere positive Aspekte. Neben weiteren Informationen aus erster Hand, die für die fachliche Lösung später wichtig sein können, tun Sie in diesem Moment aktiv etwas für Ihre Beziehung zum Kunden. Fragen, die aus dem Gespräch entstehen, verstärken z.B. das gute Gefühl des Kunden, dass Sie ihm wirklich zugehört und somit in der Konsequenz ernst genommen haben.

Erst auf das Gefühl eingehen, dann zur Sache kommen!
Ansporn genug sollte dabei auch der folgende Punkt sein: Der Kunde wird Ihnen erst in der Sache folgen (können), wenn Sie sich seine Sicht der Dinge angehört und ihm in irgendeiner Form etwas Verständnis für z.B. seinen Ärger oder seine Befürchtungen entgegengebracht haben. *Ehrlich* gemeinte Anteilnahme durch zum Beispiel ein mitfühlendes „Oje!" reicht da manchmal in schwierigen Situationen schon aus. Aktives Zuhören ist also keinesfalls eine abgedroschene Phrase. Auch und gerade heute bei ständig herrschendem Zeitdruck trägt es erheblich dazu bei (und fällt als seltene positive Ausnahme eher auf), dass sich Ihr Kunde bei Ihnen gut aufgehoben fühlt. Nur wenn ich die Situation des Kunden, z.B. mit seiner Enttäuschung und dem damit verbundenen Ärger, auch wirklich verstanden habe, kann ich die Emotionen meines Kunden ernsthaft nachempfinden und im nächsten Schritt Verständnis dafür zeigen. Das wiederum ist die unabdingbare Grundlage dafür, dass er überhaupt ein offenes Ohr für meine Sicht der Dinge hat und sich auf mich einlassen kann.

Beispiel:
Denken Sie an Ihren letzten Zahnarztbesuch ... Gehören Sie auch zu den Menschen, denen immer ein bisschen mulmig ist oder die gar nackte Angst verspüren, sobald sie auf dem Zahnarztstuhl sitzen? Dann werden Sie wissen, wovon ich spreche.
Konkret: Ein ängstlicher Patient beim Zahnarzt wird seinen Mund nicht einmal öffnen, wenn er sich mit seiner Angst nicht verstanden fühlt. Es kann sich so kein Vertrauen entwickeln.

Übertragen auf Ihre Kundensituation erhalten Sie einfach kein Einverständnis für eine Zusammenarbeit an dieser Stelle – so simpel ist das.

Qualität ist subjektiv!

Ob als ausgewiesener Experte oder Spezialist: Auch der größten Koryphäe nützt ihr exzellenter Ruf in dieser schwierigen Situation nichts, das Aufzeigen fachlicher Lösungswege wäre reine Zeitverschwendung. Fachlich betrachtet mag der Arzt eine Koryphäe sein, Ihnen erscheint er vielleicht sogar als unfähig, weil er es nicht verstanden hat, Sie da abzuholen, wo es für Sie wichtig war: im Gefühl!

Fazit:
Sie kommen an dem Gefühl des Kunden nicht vorbei, wenn Sie gemeinsam eine individuelle Lösung für den Kunden finden wollen und er Sie am Ende auch noch gerne weiterempfehlen soll!

Beispiel:
Wenn Sie selbst sehr aufgeregt sind, werden Sie Ihrem Gesprächspartner genau so lange nicht richtig zuhören (können), wie er Ihre Wut oder Verzweiflung nicht aufgreift. Das bedeutet in der Konsequenz, dass alle vorher angebrachten Lösungsvorschläge (und seien sie auch noch so sinnvoll) nicht auf fruchtbaren Boden fallen werden – leider!

Mit voller Konzentration wollen wir beispielsweise (gut gemeint) die technische Aufgabenstellung eines Kunden lösen und fokussieren uns vor Ort direkt auf die Technik. Was gut gemeint ist, entpuppt sich jedoch oft als zweiter Schritt vor dem ersten! Statt dem Kunden gegenüber aufmerksam zu sein und ihm zum Beispiel die erwartete Portion Verständnis gegenüber aufzubringen, verlieren wir uns leider viel zu häufig viel zu schnell bei der Sache. Nach außen hin kommuniziert der Kunde sein Anliegen und doch tun Sie gut daran, sich bewusst zu Beginn eines Kundengespräches ein paar Minuten Zeit für den Kunden und seine (inneren) Erwartungen oder Bauchschmerzen zu nehmen.

Ja – ich höre schon die Stimmen einiger Mitarbeiter im Kundendienst unken: „Wo soll ich denn die Zeit noch hinschreiben?". Gleichzeitig betone ich gerne noch einmal: Diese paar Minuten zahlen sich doppelt und dreifach aus. Solange sich der Kunde im Gefühl (Wut, Verzweiflung, Sorge) nicht von Ihnen verstanden bzw. abgeholt fühlt, wird er Ihnen in der Sache nicht folgen (können).

„Antennen an!"
Bewusst Zeit lassen, den Kunden ausreden lassen und ernsthaft zuhören!
Seien Sie achtsam im persönlichen Kontakt. Gehen Sie auf das ein, was Ihnen der Kunde an Informationen zur Sache mitteilt und auch an Gefühlen zeigt.
Wichtig: Nehmen Sie jede Stimmung Ihres Kunden wahr. Nehmen Sie sie ernst und gehen Sie darauf ein. Dann erst in der Sache fortfahren und dem Kunden eine mögliche, für ihn interessante Lösung anbieten.

Die Produkt-/Lösungspräsentation

Das Angebot der Maßanzüge präsentieren und anpassen lassen

Sie wissen jetzt, was Ihr Kunde für Vorstellungen, Wünsche und Erwartungen hat. Sie haben es verstanden, auf ihn einzugehen und er ist nun neugierig und erwartungsvoll, was Sie ihm anbieten werden. Eine gute Basis, um darauf aufzubauen. Um in dem Bild des Maßanzuges zu bleiben, geht es nun um konkrete Punkte, die Ihr Leistungsangebot betreffen. Im Raum stehen möglicherweise:

- Qualität
- Preis-/Leistungsverhältnis
- Größe/Menge/Anzahl
- Liefermöglichkeiten
- Service/professionelle Beratung
- Extras

Sie sind an einem Punkt, wo der Kunde Sie erwartungsvoll anschaut und ganz Ohr ist. Nutzen Sie die Situation (niemals aus)! Machen Sie den Abgleich zwischen Wunschvorstellungen und Ihrem Leistungsangebot. Was ist realistisch bzw. umsetzbar? Wo gibt es Grenzen?

Klarheit schaffen – Versprechen einhalten!

Dass uns der Kunde vertraut, ist oft das Ergebnis jahrelanger, harter Arbeit. Bevor der Kunde von unserem Produkt oder unserer Dienstleistung überzeugt ist, müssen wir als Persönlichkeit überzeugen. Neben dem klassischen Verkauf von Produkten verkaufen Dienstleister ihren Kunden zum Beispiel ihr Fachwissen, Problemlösungen und Serviceleistungen. Das sind Leistungen, die unsere Kunden nicht so einfach greifen können. Sich das Vertrauen des Kunden zu erarbeiten, dauert häufig sehr lange. Im Falle einer Enttäuschung fangen Sie allerdings sehr schnell wieder bei Null an. Es ist dann häufig ein sehr mühsamer Weg, sich das Vertrauen des Kunden wieder zu erarbeiten. Vor diesem Hintergrund ist es doppelt wichtig, Versprechen einzuhalten.

> Seien Sie klar in der Sache! Zeigen Sie deutlich auf, was geht und was nicht machbar ist!

Beispiel:
Stellen Sie sich vor, Sie gehen zum Friseur. Die Filialleiterin kommt strahlend auf Sie zu, heißt Sie willkommen und bittet Sie, Platz zu nehmen. Die freundliche, engagierte Art der Friseurin suggeriert Kompetenz und der frisch servierte Kaffee versetzt Sie in eine angenehme Stimmung. Sie bekommen spontan Lust, einmal etwas Neues auszuprobieren!

Kennen Sie das? Bei aller positiven Stimmung ist es natürlich die Aufgabe der Friseurin, aus fachlicher Sicht hinzuschauen, was bei der jeweiligen Beschaffenheit des Haares und dem jeweiligen Typ wirklich möglich oder vorteilhaft wäre und wo es Grenzen gibt. Die Beratung sollte unabhängig davon sein, ob sich ein Kunde spontan entschieden hat oder die Frisur vielleicht sogar schon lange geplant war („Ich will unbedingt so aussehen wie Claudia Schiffer oder George Clooney usw."). Jetzt ist Ihr **Fingerspitzengefühl** bzw. Einfühlungsvermögen gefragt! Zeigen und äußern Sie Verständnis für die Wünsche oder Erwartungen. Machen Sie gleichzeitig deutlich, dass Sie sich Ihrer Verantwortung als Fachmann bewusst sind und begründen Sie klar und nachvollziehbar, aus welchem Grund Sie diese Kundenerwartungen nicht erfüllen können. Schlagen Sie eine aus Ihrer Sicht passende Alternativlösung vor. Auch auf die Gefahr hin, dass die zukünftige „Claudia Schiffer" in dem Moment enttäuscht ist, Sie haben immer noch die Chance, diese Kundin aufgrund Ihrer professionellen, verantwortungsvollen Beratung zufrieden zu stellen oder sogar zu begeistern. Noch ist alles möglich.

Vollkommen unprofessionell wäre es in diesem Fall, wenn die Friseurin (weil es so einfach ist, das euphorische Gefühl der Kundin aufzugreifen) trotz vielleicht fehlender Haarfülle einen Claudia-Schiffer-Look verspricht, und die Kundin im Ergebnis aufgrund zu dünner Haare nur herunterhängende Stufensträhnen hat. Mit hoher Wahrscheinlichkeit erhält diese Kundin ein eher negatives Echo aus ihrem Umfeld, ganz sicher nicht die erwartete Anerkennung: „Du siehst ja toll aus!". Besonders deutlich ist in diesem Fall die Nachwirkung des Friseurbesuchs. Die Kundin wird ihre Enttäuschung sicherlich bei jeder Gelegenheit kundtun – das ist mit Sicherheit keine Weiterempfehlung für Sie!

Werkzeug Sprache

Sie haben Ihren Kunden „an der Angel"? Er ist interessiert? Dann nutzen Sie das richtige Handwerkszeug, um ihn zu überzeugen, dass Sie den richtigen Anzug, die beste Lösung für ihn persönlich haben. Es lohnt sich in jedem Fall, hier auf das Detail zu schauen.

Beispiel:
> Selbst wenn Sie die beste Angel (Waren- oder Dienstleistungsangebot) haben, Sie ziehen den Fisch (Kunden) erst an Land, wenn Sie den richtigen Köder (individuelles, für ihn interessantes Angebot) einsetzen.

Das heißt übertragen auf Ihre Kundensituation: Ihr Kunde muss sich sofort individuell angesprochen fühlen. Mehr noch, er soll Lust darauf bekommen, stärker mit Ihnen in Kontakt zu kommen – dafür holen Sie ihn in der Sprache ab!
Mit den folgenden Werkzeugen erreichen Sie den Kunden und schaffen eine angenehme Gesprächsatmosphäre:

- Ausreden lassen und aktiv zuhören
- Proaktiv formulieren
- Wertschätzend und werthaltig formulieren
- Individuelle Ansprache verwenden (Namen nutzen)
- Positiv und serviceorientiert formulieren
- Worte persönlicher Anerkennung wie z.B. „gerne", „selbstverständlich", „natürlich", „toll", „super" nutzen (das schafft eine positive Gesprächsatmosphäre)

- In der Sprache des Kunden sprechen (nur so kann Sie der Kunde verstehen)
- Reizwörter und Tabuformulierungen vermeiden
- Fragen stellen („Wer fragt, der führt!" und erfährt zum Beispiel etwas über die Motive des Kunden)
- Argumentationskette nutzen (s. Seite 118)
- Nutzenargumentation aufzeigen

Nach über fünfzehn Jahren Berufserfahrung als Kommunikationstrainerin betrachte ich wirklich ehrfürchtig die Macht der Sprache. Aus meiner Sicht von vielen vollkommen unterschätzt, lenkt der bewusste Einsatz von Techniken zahlreiche Gespräche gezielt in unterschiedlichste Richtungen. Durch den Einsatz von Fragen werden Gespräche verkürzt oder verlängert. Durch den bewussten Einsatz positiver oder negativer Formulierungen verändert sich die Gesprächsatmosphäre, bestimmte Stimmungen werden suggeriert. Für mich heute erschreckend und beeindruckend gleichermaßen!

Die positive Seite daran ist: Verantwortungsvoll im Sinne des Kunden eingesetzt, liegt hier eine große Chance, Kunden für uns zu gewinnen. Darauf wollen wir unser Augenmerk legen.

> Wer auf andere Leute wirken will, der muss erst einmal in ihrer Sprache reden." (Kurt Tucholsky)

Es ist wie vor jedem gut geplanten Auslandsaufenthalt. Sind Sie ernsthaft an den Kontakten zu anderen Menschen des Landes interessiert, so setzt das entsprechende Sprachkenntnisse voraus. Übertragen auf Ihre Kundensituation bedeutet das: Damit uns der Kunde verstehen kann, sollten Sie erst einmal seine Sprache erlernen bzw. im Kundenkontakt dann auch in seiner Sprache sprechen. Ich rede von der Sprache des Bankers genauso wie von der Sprache des Bauarbeiters. Das heißt, je nachdem in welcher Branche und in welchem Umfeld ich mich bewege, muss ich mich vollkommen anders ausdrücken, selbst wenn es in der Sache um dasselbe geht.

Gleichzeitig ist wichtig, dass Sie Ihre persönliche Art zu kommunizieren nicht vollkommen außer Acht lassen, da Sie sonst als Person nicht mehr „echt" sind. Was immer Ihre berufliche Aufgabe im Kundenkontakt ist: Bevor sich der Kunde für ein Produkt oder eine Dienstleistung Ihres Unternehmens entscheidet, muss er von Ihnen als Persönlichkeit überzeugt sein. Das geht in der Konsequenz nur, wenn Sie sich auch als individueller Typ dem Kunden gegenüber zeigen dürfen. Eine gute Gelegenheit, sich ausdrücklich gegen jedes schablonenhafte Training auszusprechen. Zeigen Sie Ihre persönlichen Ecken und Kanten, auch in der Sprache – natürlich nur Ihre positiven ... Die individuelle Art und Weise mit Ihrem Kunden zu kommunizieren macht Sie unverwechselbar. Der eine Mitarbeiter bindet seine Kunden unter anderem dadurch, dass er immer einen flotten Spruch auf den Lippen hat, während der andere Mitarbeiter durch seine verbindliche Sprache seine Kunden überzeugt. Was zu dem einen Typ passt, kann aus dem Mund des anderen in derselben Kundensituation vollkommen unpassend klingen.

> Sagen Sie's in Ihren Worten, Ihrem Typ entsprechend!

Alles andere würde – zu Recht – gekünstelt wirken. Als logische Konsequenz wäre der Einsatz von Gesprächstechniken zum Beispiel nicht nur nicht förderlich, sondern er würde im schlimmsten Fall zum Vertrauensverlust führen. Sie kennen das sicher, wenn Ihnen irgendetwas gespielt vorkommt, also nicht echt wirkt. So werden Sie sicher kein Wohlgefühl bei Ihren Kunden hervorrufen, geschweige denn etwas verkaufen oder eine entsprechende, verbindliche Unterschrift für etwas erhalten.

Der Einsatz positiver Formulierungen, das Vermeiden von Reizwörtern und das bewusste Sprechen in der Sprache des Kunden tragen in der Summe dazu bei, dass sich Ihr Kunde verstanden und individuell abgeholt fühlt. Sie kennen das: Sind Sie der Fachmann für etwas Bestimmtes, so unterhalten Sie sich auch gerne auf „Fachchinesisch" mit jemandem. Unwissende dagegen würden sich sicher schnell ausgegrenzt und überfordert oder hilflos fühlen. Je nachdem in welcher Branche Sie sich bewegen, entscheidet oft bereits die Wortwahl, ob sich der Kunde also überhaupt angesprochen bzw. verstanden fühlt oder nicht. Verwenden Sie viel Fachbegriffe oder Fremdwörter? Je nach Erfahrung, die ein Kunde in einem Bereich mitbringt, ist der Einsatz von Fachbegriffen mehr oder weniger angebracht.

Beispiel:
> Ein Gast in einem Restaurant, der zwar gerne einen Wein trinkt, aber gerade einmal zwischen lieblich und trocken unterscheiden kann, wird sich im Gespräch mit einem Kellner kaum wohlfühlen, wenn dieser ausschließlich im Fachjargon spricht („vollmundig im Abgang" usw. ...) Ganz gleich, ob der Kunde Sie in diesem Fall einfach nicht versteht, ob er die Informationen aufgrund des Sprechtempos nur nicht verdauen kann oder ob er einfach nicht nachfragen mag: Sie werden den Kunden so nicht erreichen! Umgekehrt wird sich ein erfahrener Weinkenner nur auf Sie einlassen, wenn er das Gefühl hat, dass Sie kompetent(er als er) sind. Das macht er unter anderem – oft unbewusst – an der Sprache fest. In diesem Fall wäre es wichtig, durch den Einsatz von z.B. bekannten Fachbegriffen Ihren Sachverstand deutlich zu unterstreichen. Wie immer gilt das Zauberwort „angemessen", also bitte keine übertriebenen Reden schwingen, das würde zu Recht gekünstelt wirken.

Den Kunden erfolgreich auch in der Sprache abzuholen, ist eine wichtige Kompetenz. Viel Erfahrung (oder Talent), Achtsamkeit und Fingerspitzengefühl sind notwendig, um den Spagat zwischen Ihrer eigenen Sprache und der Sprache Ihres Kunden hinzubekommen. Damit Sie auch von Ihrem Kunden (im wahrsten Sinne des Wortes!) verstanden werden und er sich verstanden fühlt, ist die Verwendung von ihm vertrauten Worten absolute Notwendigkeit.

Perspektivenwechsel:
Denken Sie an Ihren letzten Besuch beim Arzt. Wie hat der Arzt mit Ihnen gesprochen, als er Sie untersucht hat? Hat er Ihnen gegenüber lateinische Bezeichnungen oder medizinische Diagnosebegriffe verwendet? Haben Sie alles verstanden? Mussten Sie nachfragen? Wie haben Sie sich gefühlt?

Die Herausforderung im beruflichen Kontext besteht darin, zum einen in der Formulierung auf die Sprache des Kunden einzugehen und zum anderen Ihrem Typ entsprechend zu kommunizieren, damit Sie auch noch authentisch wirken. Manchmal eine schwierige Gratwanderung. Entscheidend ist sicherlich, dass Sie sich nicht zu sehr verbiegen und dennoch in der Lage sind, auch in der Sprache auf die Bedürfnisse Ihres Kunden einzugehen. Nur der ist heute in der Lage, den Kunden effektiv und nachhaltig zu erreichen, der die Kunst beherrscht, ihn so individuell wie möglich anzusprechen.

Reizwörter und Tabuformulierungen
Bestimmte Wörter lösen bei vielen Menschen allergische Reaktionen aus. Das heißt, sobald dieses bestimmte Wort fällt, reagieren sie empfindlich und springen darauf an. Das Wort „aber" ruft bei den meisten Menschen innerlich negative Reaktionen hervor. Das liegt daran, dass wir durch ein Wort wie „aber" unsere Meinung oft gleich als vollkommen uninteressant oder unsinnig in Frage gestellt empfinden. Unsere Sicht der Dinge scheint durch ein Wort wie „aber" absolut unwichtig zu sein.

Ein typischer Satzanfang: „Das ist ja gut und schön was Sie sagen, Frau Burger, *aber* ...". In diesem Fall erscheint schon jetzt alles (was auch immer Frau Burger gesagt haben mag) als wertlos und unwichtig. Wollen wir, dass sich unser Kunde mit seiner Meinung (auch wenn sie konträr zu unserer Meinung ist) gewertschätzt fühlt, so ist es sinnvoll, langfristig ein Wort wie „aber" aus dem persönlichen Sprachschatz zu streichen. Was ist denn die Alternative? Wie schaffen wir es, unserem Standpunkt in bestimmten Situationen Ausdruck zu verleihen, ohne das schön einfache „aber" zu nutzen, das uns allen seit Kindesbeinen vertraut ist? Um der Gesprächssituation ein positiveres Gewicht zu geben, ist es von entscheidender Bedeutung, für das „aber" eine wertschätzendere Alternative zu finden.

Tipp:
Ersetzen Sie das Wort „aber" zum Beispiel durch ein „gleichzeitig"!
„Okay, Frau Burger, ich habe verstanden, dass Ihnen ... wichtig ist. Gleichzeitig sollten wir folgenden Aspekt beleuchten/auch in Betracht ziehen/darauf achten/...".

Merken Sie den Unterschied? Dieser Gesprächsausschnitt zeigt eine deutlich wertschätzendere Haltung als der Satz mit dem „aber". Der Unterschied besteht einfach darin, dass im ersten Fall die Meinung von Frau Burger scheinbar vollkommen uninteressant ist und einfach beiseite gewischt wird, während im zweiten Beispiel durch das Wort „gleichzeitig" einfach ein ergänzender Aspekt angefügt wird. Beides steht nebeneinander und hat seine Berechtigung. Dadurch erscheinen beide Meinungen gleichwertig, auch wenn sie in der Sache vollkommen konträr sein mögen.

Kann ich jahrelang gefestigte Sprachmuster wirklich verändern? Ist das realistisch?
Ja! Vorausgesetzt, es ist Ihnen wirklich wichtig und Sie machen es sich zur Aufgabe, daran bewusst zu arbeiten. Wer den Anspruch an sich hat, kontinuierlich an sich zu arbeiten, der benötigt in irgendeiner Form ein Kontrollsystem.
Als ich Anfang der neunziger Jahre bei der Firma Talkline GmbH in Elmshorn Trainerin wurde, befanden sich in meinem alltäglichen Wortschatz leider noch viele Worte und Formulierungen, die sich mit meiner neuen beruflichen Aufgabe als Kommunikationstrainerin nicht vereinbaren ließen. Doch was tun?
Kurzerhand schrieben meine beiden männlichen Kollegen alle von mir bis dahin genutzten Tabuformulierungen und Reizwörter, die meine Glaubwürdigkeit gefährden würden, an ein

großes Flipchartpapier im Trainingsbüro. Das Kontrollsystem war so einfach wie auch effektiv. Für ein „eigentlich" (dieses Wort braucht kein Mensch!) musste ich 0,50 DM zahlen (Ja, es waren noch DM-Zeiten) und für andere, weniger gewichtete Begriffe waren 0,20 DM fällig.
Können Sie sich vorstellen, wie oft einer einzigen Person bestimmte Wörter einfach so über die Lippen kommen? Gemeinerweise war mir das vorher gar nicht so bewusst. Es war eine Sache von nur zwei Wochen, dann waren tatsächlich alle auf dem Flipchart stehenden, unerwünschten Begriffe aus meinem Wortschatz verbannt! Der Schmerz, jedes Mal das freche Grinsen meiner Kollegen zu sehen, wenn ich ein „eigentlich" ausgesprochen hatte, war einfach zu groß. Ich habe ihnen den Triumph nicht gegönnt, das war Ansporn genug. Nachdem ich die ersten drei Tage immer schön zahlen musste, blieb mir das Wort „eigentlich" bereits am vierten Tag im Hals stecken. „Ei, ei, ei ... was wollte ich noch sagen?" ...
Ich hatte es noch nicht ganz herausgebracht, da wurde es mir bewusst. Das war der erste Schritt in einem wichtigen, wenn auch teuren Prozess! Durch die „Gemeinheiten" meiner Kollegen angespornt, waren in der Tat fast alle aufgeführten Formulierungen und Reizwörter schon nach vierzehn Tagen aus meinem aktuellen Wortschatz verschwunden. Was für eine Leistung, wo es doch für mich typische Lieblingswörter waren, die ich jahrelang liebevoll und ausgiebig genutzt habe!

Fazit:
Auch jahrelang gefestigte Sprach- und Verhaltensmuster lassen sich verbessern, wenn Sie an sich selbst den Anspruch haben, wirklich etwas zu verändern. Der nächste wichtige Schritt ist dann, das für sich richtige Kontrollsystem zu finden.

Umgang mit den unterschiedlichsten Kundentypen
Wem präsentieren Sie wie Ihre Maßanzüge/Ihr Leistungsangebot? Gehen Sie mit allen Kunden wirklich gleich offen um? Zeigen Sie jedem Kunden alle individuellen Lösungsmöglich-

keiten auf? Die Fähigkeit, offen mit den unterschiedlichsten Menschentypen umzugehen, ist eine der wichtigsten Schlüsselkompetenzen der Zukunft. Wer es versteht, unterschiedlichste Menschen individuell abzuholen und zu erreichen, der wird in der Konsequenz auf breiter Linie zahlreiche Kunden an sich binden.

Beispiel:
In diesem Zusammenhang erinnere ich mich an einen Mitarbeiter, der bei all seinen Kunden sehr beliebt war. Auf meine Nachfrage hin schätzten die Kunden unterschiedliche Stärken und Kompetenzen an Herrn Kollning. In einem Punkt waren sich aber alle einig: Seine „entwaffnende Offenheit" ihnen und ihren Anliegen gegenüber hatte bei allen Kunden einen positiven Eindruck hinterlassen. Jeder der Kunden (so unterschiedlich sie auch waren) fühlte sich von Herrn Kollning gleichermaßen verstanden und wertgeschätzt. Jeder dieser Kunden wurde von diesem Mitarbeiter offen und dazu auf seine individuelle Weise abgeholt.

Das klingt so schön einfach. In der Realität des Arbeitsalltags zeigt sich, dass gerade diese entwaffnende, kompromisslose Offenheit, sich auf zum Teil sehr unterschiedliche Typen einzustellen, oft eine echte Herausforderung ist. Es gibt eine Vielzahl an bunten Facetten, die uns im Alltag begegnen und auf die Sie sich immer wieder neu und individuell einstellen müssen. Das allein ist schon eine wirkliche Aufgabe, wenn Sie sie ernst nehmen und professionell damit umgehen, denn es bedeutet auch (da, wo es möglich ist) eine gezielte Vorarbeit. Sie erinnern sich: Jeder Kundenkontakt bedeutet, sich immer wieder auf einen anderen Menschen einzulassen, achtsam Signale wahrzunehmen, genau hinzuhören und sich in der Sprache auf den jeweiligen Kunden und sein Umfeld einzustellen. Wenn es das doch bloß schon wäre ...

Interessant wird es dadurch, dass wir natürlich beruflich wie privat Sympathien oder Antipathien für bestimmte Menschentypen verspüren – ob wir wollen oder nicht. Uns bis dahin fremde Personen (möglicherweise Interessenten oder Neukunden) werden innerhalb weniger Sekunden erst einmal „gescannt" und in bestimmte Kategorien bzw. Schubladen eingeteilt. Das ist normal, um uns zu orientieren und um einzuschätzen, mit was für einem Typ wir es zu tun haben. (Thema erster Eindruck). Durch unsere oft unbewusste innerliche Entscheidung - „Ach, so ein arroganter Typ ist das!" - entscheiden wir oft schon in den ersten Sekunden zwischen „sympathisch/positiv" oder „unsympathisch/negativ" und legen somit unbewusst den Grundstein für die Qualität eines Kundengespräches fest.

> Sie tragen die Verantwortung dafür, was Sie dem Kunden gegenüber sagen oder nicht sagen, bzw. wie Sie sich ihm gegenüber verhalten.

Es wird von Ihnen erwartet, dass Sie mit jedem Kunden selbstverständlich gut klarkommen und wirklich ausnahmslos jeden Kunden zufrieden stellen, ja womöglich sogar begeistern und somit langfristig an sich binden können. Das ist schließlich Professionalität. Wären da bloß nicht unsere kleinen, persönlichen Eitelkeiten, die uns manchmal im Wege stehen, oder?
Jeder von uns hat sie schon einmal kennengelernt: Die Menschen, die bei uns so etwas wie persönliche Allergien hervorrufen, bevor wir auch nur ein einziges Wort miteinander gewechselt haben!

Hand aufs Herz

- Empfinden Sie auch manchmal negative Gefühle jemandem gegenüber, obwohl Sie diese Person gar nicht näher kennen?
- Mit welcher Berechtigung entscheiden wir innerhalb kürzester Zeit, dass uns jemand zum Beispiel unsympathisch ist oder wir uns festlegen, dass derjenige arrogant und überheblich ist?
- Inwiefern lohnt es sich überhaupt, sich dazu Gedanken zu machen?

Ganz einfach: Malen Sie sich schonungslos die Konsequenzen Ihrer Einstellung oder Ihres Handelns aus. Ausnahmslos jeder Kunde, dem Sie selbst - statt offen - innerlich ablehnend begegnen, der wird das spüren. Ihre innere Haltung überträgt sich nach außen und wird für den Kunden sichtbar bzw. fühlbar!

Das führt wiederum dazu, dass Sie es Ihrem Kunden schwer bis unmöglich machen, sich für Sie bzw. Ihr Produkt oder Ihre Dienstleistung zu entscheiden. Den Rest können Sie sich ausmalen.

Hand aufs Herz

- Wie würden Sie entscheiden, wenn Sie eine Alternative haben: Entscheiden Sie sich für den, der Ihnen gegenüber ablehnend oder zweifelnd auftritt oder den, der Ihnen gegenüber absolut offen auftritt?

Heute kann es sich niemand mehr erlauben, im Umgang mit den Kunden nachlässig oder Mittelmaß zu sein! Der Wettbewerb ist sehr eng, die Produkte oft austauschbar und die Möglichkeiten im Zeitalter des Internets, Vergleichsangebote einzuholen, sind vielfältig.

„Antennen an!"
Entwickeln Sie ein Herz für Ihre Kunden, für jeden einzelnen von ihnen! Nehmen Sie *jeden* Ihrer Kunden gleich ernst und bringen Sie ihm uneingeschränkt Wertschätzung entgegen – ausnahmslos! Ja, auch dem ewigen Nörgler oder dem Besserwisser aus Ihrem Kundenkreis. Dem Arroganten genauso.

Mir ist bewusst, dass Sie ganz sicher sofort mindestens eine Erklärung parat haben, aus welchem Grund es sich bei *diesem* einen unangenehmen Kunden von Ihnen überhaupt nicht lohnt. Ich sage: Gerade diese scheinbar schwierigen Kunden benötigen Ihre Aufmerksamkeit und hundertprozentige Wertschätzung, sonst sind es vielleicht nicht mehr lange Ihre Kunden. Einen Kunden für etwas zu begeistern, der Ihnen sympathisch ist, ist keine Kunst. Die Herausforderung bei vermeintlich schwierigen Kunden kann aus meiner Sicht doch nur sein: „Wie schaffe ich es, diesen Kunden für mich zu gewinnen?"

Hand aufs Herz

- Wie definieren Sie überhaupt einen schwierigen Kundentyp?
- Was macht dieser bzw. was sagt er?
- Woran machen Sie es fest, dass jemand „schwierig" ist?

Nachfolgend eine Aufführung klassischer Kundentypen, die immer wieder von einer Vielzahl von Mitarbeitern als schwierig bezeichnet werden:

- Der Arrogante
- Der Besserwisser
- Der ewige Nörgler
- Der Falsche
- Der Kontrolleur
- Der Unentschiedene
- Der Hilflose
- Der Weinerliche

Fest steht, dass es Kundentypen gibt, die bei vielen Menschen die gleichen Allergien auslösen, während es auch Kundencharaktere gibt, die nur von einzelnen Kollegen als schwierig beschrieben werden. „Ich weiß gar nicht, was Du immer hast. Herr Noltke ist immer freundlich zu mir, wenn ich vor Ort bin!", entgegnete ein Kundendienstmitarbeiter seinem Kollegen auf dessen Aussage hin: „Unser Herr Noltke ist ein typischer Nörgelkunde!"

Hand aufs Herz

- Woran liegt das?
- Wie kommt es, dass ein für Sie persönlich schwieriger Kundentyp für Ihren Kollegen ganz unkompliziert und angenehm im Umgang ist?

Im Gegensatz dazu kann jemand, der für Sie noch kein sogenannter schwieriger Kunde ist, für Ihren Kollegen schon eine echte Herausforderung sein. Was für den einen als eine bereichernde Ergänzung empfunden wird, wirkt auf den anderen als Konkurrenz bedrohlich und wird bewusst kleingehalten. Je nach eigenem Kommunikationstyp nehmen Sie den anderen z.b. als angenehm oder unangenehm wahr.
Neben dem Verhalten sind es auch oft bestimmte Sätze, die bei dem einen als ganz normal im Gespräch wahrgenommen werden, aber auf den anderen bereits provozierend wirken. Das hängt von unserer inneren persönlichen Reizwörterliste ab. Je nachdem, was Sie in der Vergangenheit für Erfahrungen im Zusammenhang mit einzelnen Wörtern gemacht haben, reagieren Sie darauf empfindlich oder nicht.
Ein weiterer Aspekt kommt hinzu: Jeden Kundentyp gibt es in unterschiedlichen Facetten. Der eine Kunde tritt sowohl arrogant als auch besserwisserisch auf, während der nächste arrogante Kunde vor allem durch spitzfindige Bemerkungen nervt. Ein ebenfalls interessanter Punkt, den Sie sich bewusst machen sollten:

> Alles ist eine Momentaufnahme!

„Das Leben ist bunt!" Niemand hat nur diese eine Seite, mit der er sich in einer bestimmten Situation zeigt. Das heißt, dass derselbe Kunde in einer anderen Situation oder sogar in der gleichen Situation an einem anderen Tag ganz anders reagiert – unabhängig von seinem Gegenüber. Realistisch ist, dass jeder von uns verschiedene Lebensphasen durchläuft und somit auch so etwas wie gute und schlechte Tage hat. Sie kennen das: Manchmal entscheidet die Tagesform, wie wir (re)agieren.
Was hilft Ihnen, auch den für Sie schwierigen Kunden gelassener zu beraten? Es gibt nur einen Weg: Arbeiten Sie an Ihrer inneren Haltung! Mir ist bewusst, dass sich das ganz leicht sagt, und dass es ein Prozess ist, seine Einstellung bestimmten Kundentypen gegenüber zu ändern. Gleichzeitig kommen Sie nicht

darum herum, vorausgesetzt, Sie wollen in der Championsleague mitspielen, also in der „Königsklasse" dabei sein. Eine ganz konkrete Anregung zum Nachdenken, die wenige Minuten Zeit in Anspruch nimmt und gleichzeitig unendlich wertvoll sein wird, sofern Sie sich bewusst darauf einlassen:

Übung
1. Nehmen Sie sich bitte einmal einen für Sie schwierigen Kundentyp und benennen ihn plakativ mit einem bestimmten Wort. Bitte eins zu eins das aufschreiben, was Ihnen als Begriff zuerst in den Sinn kommt. Keine Schönfärbereien! Fügen Sie noch einen für ihn typischen Satz hinzu.
2. Nachdem Sie diesen Kundentyp beschrieben haben, machen Sie sich bitte Gedanken, aus welchem Grund sich dieser Kunde wohl so (laut/dominant/aggressiv/nörgelig/ weinerlich ...) verhält.
   – Was will er aus Ihrer Sicht damit erreichen?
   – Was fehlt ihm?

Wenn Sie jetzt Ihre Gedanken dazu betrachten: Ist dieser Kunde in seinem Auftreten souverän? Wohl kaum. Es lohnt auch, sich an dieser Stelle noch einmal bewusst vor Augen zu führen: Wer im Verhalten nach außen nicht souverän und gelassen agiert, der ist es im Inneren erst recht nicht! Das heißt in der Konsequenz, Ihr scheinbar schwieriger Kunde hat in irgendeinem Bereich ein Defizit, das es auszugleichen gilt.

Übung Fortsetzung
3. Denken Sie nach: Was braucht Ihr bzw. so ein spezieller Kundentyp wohl von Ihnen? Was möchte er von Ihnen haben?
   – Sprechen Sie es deutlich aus oder
   – schreiben Sie es ruhig „schwarz auf weiß" auf!

Diese Frage ehrlich zu beantworten fällt erfahrungsgemäß manchmal gar nicht so leicht. Ist für Sie zum Beispiel der Kundentyp „Der Arrogante oder Besserwisser" schwierig, so kommen Sie womöglich an dieser Stelle zu der Erkenntnis, dass der für Sie unangenehme Kunde so etwas wie Anerkennung oder

101

Wertschätzung braucht. Ich kann mir die Gedanken einiger Mitarbeiter dazu schon vorstellen: „So von oben herab, wie der mich behandelt, soll ich dem auch noch Anerkennung entgegenbringen? Der hebt ja vollkommen ab und das sehe ich auch nicht ein!" Was nützt ihnen das jetzt?
Das Wissen darum, dass der für Sie zunächst schwierige oder anstrengende Kundentyp (der womöglich noch laut und fordernd auftritt) im Inneren unsouverän, eher unsicher und angespannt ist, sollte schon etwas an Ihrer Haltung verändern. Ich finde, das entspannt schon ein bisschen. Nach dem Motto „Gut gebrüllt, Löwe!" treten diese Kundentypen oft laut auf, obwohl sie im Inneren eher unsicher sind. Das laute, fordernde Verhalten nach außen nutzen sie als Schutz, zum Beispiel aus Angst davor, Schwächen zu zeigen. Das hat nichts mit innerer Größe zu tun. Die wichtige Erkenntnis hieraus:

> *Jeder von uns* braucht ausnahmslos eine gesunde Portion Anerkennung, Wertschätzung, Respekt und Sicherheit.

Das bedeutet: Derjenige, der zum Beispiel ausreichend Anerkennung in seinem Beruf erhält und vielleicht sogar zu den Glücklichen zählt, die regelmäßig für ihre Arbeitsleistung gelobt werden, der wird offen, gelassen und souverän durch seinen Berufsalltag gehen. Die notwendige Portion Selbstvertrauen („Ich mache grundsätzlich einen guten Job!") ist dadurch sicherlich vorhanden, ein offener Umgang mit persönlichen Schwächen oder Fehlern leichter möglich – selbst bei noch fehlender Erfahrung.

Schwierig wird es, wenn unser persönlicher Akku nicht mehr ganz geladen ist. Sicherlich lassen sich Situationen ohne Erfolg oder ohne die gewünschte positive Rückmeldung überbrücken, gleichzeitig wird es irgendwann Zeit, auch wieder einmal ein Erfolgserlebnis (in welcher Form auch immer) zu haben. Manchmal kompensieren wir eine Zeit im Beruf ohne den gewünschten Erfolg durch Erfolgserlebnisse oder Anerkennung in anderen Lebensbereichen. Grundsätzlich sollte es sich jeder zur Aufgabe machen (beruflich wie privat!), dafür zu sorgen, dass er immer ausreichend versorgt ist. Zum einen machen Sie es sich dadurch selbst leichter und zum anderen sind Sie dadurch eher in der Lage, gelassen auf den Mangel von anderen (möglicherweise Kunden) einzugehen.

Die andere Seite: Wer über wenig Erfahrung in einem Bereich verfügt, erhält selten die Gelegenheit, für eine Leistung besonders anerkannt zu werden. Gerade in dieser Phase der Orientierung ist die fehlende Anerkennung von außen oft ein Punkt, der (je nach Typ) am Selbstbewusstsein nagen kann. In der Konsequenz bedeutet das: Wer unsicher ist, der kann kaum gelassen, offen und freundlich nach außen auftreten. Im Gegenteil: Nach dem Motto „Angriff ist die beste Verteidigung!" treten Menschen, die wenig positives Echo aus ihrem Umfeld erhalten, oft laut und nicht selten unangenehm auf, nur um (unnötigerweise) bestimmte Defizite (z.B. Wissenslücken oder persönliche Schwächen) zu kaschieren.

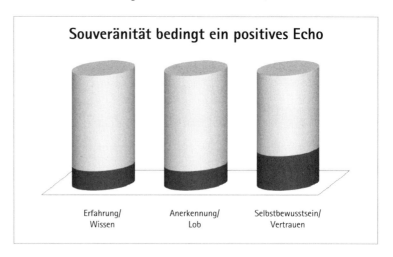

Grund genug, an Ihre professionelle Haltung zu appellieren: Geben Sie Ihrem Kunden, was er braucht. Nur dann hat er eine Chance, aus seinem Verhaltensmuster herauszukommen. Nehmen Sie Ihren Kunden an die Hand und beziehen Sie ihn mit ein. Geben Sie ihm das Gefühl, dass es zum Beispiel in Ordnung ist, wenn er nicht hundertprozentig informiert ist, oder, oder, oder.

Professionelles Arbeiten bedeutet, dass Sie klar zwischen Beruf und Privat unterscheiden können. Das heißt, nur wer in der Lage ist, privaten Ballast an schwierigen Tagen zuhause zu lassen und seine/n persönlichen Sorgen oder Ärger nicht auf den Kunden zu projizieren, der ist in der Lage, erfolgreich im Kontakt mit dem Kunden zu agieren. Im Klartext heißt das: Für den Kunden ist es erst einmal vollkommen uninteressant, ob Sie zum Beispiel gerade geschieden werden oder Ihr Kind krank ist. Hier lässt sich aus meiner Sicht eine ganz klare Linie ziehen. Bei Krankheit und selbstverständlich in dramatischen, persönlichen Situationen (z.B. Todesfall im direkten Umfeld) ist eine

Krankmeldung angebracht und auch wichtig. In allen anderen Situationen muss jeder Kunde Professionalität erwarten können. Er hat schließlich einen Vertrag mit Ihnen: Geld gegen eine professionell erbrachte Dienstleistung bzw. ein entsprechend werthaltig präsentiertes Produkt.

Einschätzung und Abgleich des eigenen Typs

Wer den Anspruch verfolgt, sich jedes Mal gezielt auf den nächsten, individuellen Kundentyp einzustellen, der kommt nicht darum herum, sich mit der eigenen Außenwirkung auseinanderzusetzen. Jeder von uns hat so seine eigene Vorstellung davon, was für ein (Kommunikations-)Typ er ist, vorausgesetzt, jemand hat sich überhaupt schon gezielt damit auseinandergesetzt. In den Trainings darauf angesprochen, ist es für viele Mitarbeiter offensichtlich sogar nach vielen Jahren Berufserfahrung im Kundenkontakt das erste Mal, dass sie sich bewusst Gedanken zu ihrem eigenen Typ und ihrer Außenwirkung machen. Wozu auch? Bisher hat sie niemand danach gefragt (außer vielleicht damals im Assessment Center während der Phase der Einstellung). Interessant sind folgende Fragen:

1. Wie sehe ich mich selbst? (Selbstwahrnehmung)
2. Wie *möchte* ich nach außen wirken? (Wunschdenken)
3. Wie wirke ich im ersten Eindruck auf andere? (Fremdwahrnehmung)

Je größer die Übereinstimmung des Abgleichs unseres Wunschdenkens bzw. unserer eigenen Einschätzung ist, desto stimmiger ist auch die Kommunikation mit Ihren Kunden. Je größer die Unterschiede zwischen Selbstbild und Fremdwahrnehmung, desto häufiger wird es unbewusst zu Missverständnissen kommen.

Hand aufs Herz
Wer will nicht beim ersten Eindruck in irgendeiner Form positiv auf andere wirken?

Es klingt ja auch unattraktiv und wenig erfolgreich, wenn jemand von sich ehrlich sagen muss: „Ich weiß, dass ich schnell an die Decke gehe, wenn ...". Entspannen Sie sich: Wer kann realistisch von sich behaupten, dass er immer und in allen Momenten überall positiv auf andere wirkt? Dieses würde auf mich eher verdächtig wirken. Gleichzeitig bleibt es das Ziel, möglichst bei jedem Kundenkontakt offen und wertschätzend aufzutreten.

Gibt es bei Ihnen Unterschiede zwischen der gewünschten Außenwahrnehmung und dem tatsächlichen Bild, das Sie von sich haben? Eine gute Gelegenheit, daran zu arbeiten, dass sich beides miteinander deckt. Gleichzeitig ein erster, wichtiger Schritt, sich sein eigenes Auftreten bewusst zu machen. Auf diese Weise verstehen Sie die Reaktionen der Kunden eher bzw. können unnötige Missverständnisse vermeiden oder bewusst aufdecken. Ein Mitarbeiter, der immer sehr fordernd wirkt, wird in Kundengesprächen bei unterschiedlichen Kunden, wo es um die gleiche Sache geht, auch verschiedene Reaktionen bzw. Ergebnisse erhalten.

Beispiel:
Während der Verkäufer Herr Kirsch bei seinem eher schüchternen Kunden Herrn Wohlfahrt immer wieder leichtes Spiel hat, ihn zu überzeugen (Achtung Kaufreue!), eckt er mit der Kundin Frau Gerke immer wieder an. Frau Gerke ist selbst ein fordernder Typ und mag es gar nicht, wenn ihr jemand genauso fordernd begegnet.

Beides kann schwierig sein. Professionalität setzt voraus, dass Sie Ihren Kunden ernsthaft beraten und gemeinsam die für ihn beste Lösung finden. Einen Kunden (nur weil Sie vielleicht wortgewandt sind) geschickt zu überrumpeln mag vielleicht kurzfristig erfolgreich sein. Wer schon einmal selbst als Kunde so etwas erlebt hat, der weiß allerdings, dass sich das nicht gut anfühlt. Eine schlechte Basis, um irgendwo langfristig ein Stammkunde zu werden. Möglicherweise sogar ein Grund, das gestern gekaufte Produkt morgen wieder zurückzubringen (Kaufreue).

„Antennen an!"

1. Machen Sie sich bewusst, was Sie von Natur aus für ein Typ sind bzw. wie Sie auftreten und wahrgenommen werden.
2. Finden Sie heraus, was Ihr Gegenüber für ein Typ ist.
3. Stellen Sie sich darauf ein. Holen Sie Ihren Kunden da ab, wo er steht und wo er Sie verstehen kann.

Es geht nicht darum, sich vollkommen zu verbiegen. Bleiben Sie grundsätzlich Ihrem Typ treu. Sich ein wenig in der Sprache und im Verhalten den Kunden anzupassen, reicht vollkommen aus und ist gleichzeitig wichtig, damit Sie auch noch authentisch sind. Die Mischung macht's: Ernsthaftes Interesse, das Beste für den Kunden herauszuholen und gleichzeitig im Verhalten seinem Typ etwas entgegenzukommen, schafft eine solide Basis für eine langfristige Kundenbeziehung. Nur so werden Sie Ihre Kunden wirklich erreichen und für sich gewinnen können.

Entspricht ein Kundentyp meinem eigenen Typ, das heißt, wir verstehen uns auf Anhieb und sind auf einer Wellenlänge, so scheint alles möglich und wir sind im Verhalten oft großzügig. Schwieriger wird es bereits dann, wenn uns der Kundentyp nicht entspricht und wir uns in der Konsequenz erst auf ihn einstellen müssen. Richtig schwierig wird es, wenn Sie es mit einem für Sie eher unangenehmen Typ zu tun haben und dazu eine schwierige Gesprächssituation kommt.

Hier trennt sich aus meiner Erfahrung oft die Spreu vom Weizen. Gegenseitige Machtspielchen („Wenn Sie nicht ..., dann ..."/„Nein, das können Sie nicht von mir erwarten, Sie haben ja letztes Mal auch nicht ...") sind durchaus nachvollziehbar, aber aus professioneller Sicht vollkommen inakzeptabel.

> Einen Streit mit einem Kunden kannst Du nie gewinnen!

Im Umgang mit für uns unangenehmen oder anstrengenden Kunden besteht die größte Herausforderung oft darin, über den Dingen zu stehen und gelassen zu bleiben. Das gilt für ganz konkrete Streitgespräche und noch viel mehr für bewusste (!) und unbewusste „Abstrafungen" des Kunden aufgrund seines angeblichen Fehlverhaltens Ihnen gegenüber. Da ist es wieder: Privat können Sie sich sicherlich alles erlauben, beruflich auf gar keinen Fall. Subtile Machtspielchen als kleine Rache aufgrund von persönlichen Eitelkeiten sind absolut inakzeptabel, unangemessen und unprofessionell! Die Realität zeigt, dass genau dieses Verhalten im Kundenkontakt häufig vorkommt.

Beispiel:
> Zur Weihnachtszeit erhalten die Kunden eines inhabergeführten, traditionellen Unternehmens seit Jahren kostbare Leckereien zum Naschen. Eine Form der Aufmerksamkeit, ein bewusster Dank an die Kunden, dass sie sich für das Unternehmen entschieden haben oder ihm treu geblieben sind. Bei Stammkunden gehört dieses kleine Präsent bereits zu einem festen Dankeschön wie selbstverständlich dazu. Die Erwartungen, am Jahresende etwas zu bekommen, sind bewusst geweckt worden und geben mittlerweile eine gewisse Erwartungshaltung vor.
>
> Während eines Trainings erzählte mir ein Teilnehmer ganz offen (1 Punkt für Ehrlichkeit, aber das war's auch schon), dass ihn der Kunde Gehrmann längst mit seinem Wichtiggetue und seinen ständigen Besserwissereien nerve. Als Konsequenz bekam der Kunde Herr Gehrmann in diesem Jahr kein Weihnachtspräsent überreicht.

Nach dem Motto „So, das hast Du nun davon!" wurde dieser Kunde aus meiner Sicht ganz bewusst abgestraft, wofür auch immer. Beim Fußball würde ich sagen: Das ist eine dunkelgelbe Karte! In der Konsequenz wird die Kundenbeziehung voraussichtlich schlechter, das heißt, gerade in dieser Situation ist es doppelt notwendig, die zurzeit instabile Kundenbeziehung zu stärken.

Hand aufs Herz
- Haben Sie auch schon einmal einen Ihrer Kunden „abgestraft"?
- Bewusst oder im Nachhinein auch unbewusst?
- Wofür?

Mal abgesehen von dem (wie ich finde, erbärmlichen) innerlichen Triumph:

- Was hat es Ihnen ganz konkret gebracht?
- Was hat es für Auswirkungen (vielleicht bis heute?) auf Ihre Kundenbeziehung?
- Was bedeutet das in letzter Konsequenz für das Ansehen Ihres Unternehmens?
- Glauben Sie aus heutiger Sicht, dass diese Form der Machtausübung sich in irgendeiner Art und Weise positiv auf Ihre Kundenbeziehung ausgewirkt hat?
- Ist Ihnen bewusst, dass so ein Machtgeplänkel nicht einmal ansatzweise etwas mit souveränem Verhalten zu tun hat?

Was aus menschlicher und privater Sicht absolut nachvollziehbar ist, muss beruflich ein absolutes Tabu sein!

„Antennen an!"
Machen Sie sich bewusst, was Sie ausstrahlen und was Ihr Kunde für ein Typ ist. Stellen Sie sich darauf ein, damit er sich Ihnen gegenüber auch verstanden fühlt und öffnen kann.
Seien Sie großzügig: Alles ist eine Momentaufnahme! Niemand ist nur grummelig, immer arrogant oder absolut hilflos. Weder Sie noch Ihre Kunden. Jeder noch so unbequeme Kunde hat auch (mindestens) eine andere Seite. Ihre Aufgabe ist es, sie zum Vorschein zu bringen. Im Zweifel lohnt es sich genauer hinzuhorchen, warum er heute, hier und jetzt so unangenehm auftritt. Zeigen Sie Verständnis, denn aus seiner Sicht fühlt sich die Situation wahrscheinlich einfach anders an. Der Kunde macht nichts einfach so, sondern hat sicherlich einen guten Grund für sein Verhalten. Im Zweifel ist es Ihr eigenes Auftreten oder Ihre Reaktion auf seine Art.
Schaffen Sie es, den unterschiedlichsten Facetten der Kunden tolerant und offen zu begegnen, so ist das bereits „die halbe Miete" auf dem Weg, den Kunden für sich bzw. Ihr Produkt oder Ihre Dienstleistung zu gewinnen.

Motive unserer Kunden

Welche Erwartungen hat Ihr Kunde an seinen Maßanzug bzw. seine maßgeschneiderte Lösung? Worauf legt er besonderen Wert? Heute, hier und jetzt? Wer den Anspruch an sich hat, seine Kunden in der Formulierung punktgenau abzuholen, der muss auch die Bedürfnisse seiner Kunden kennen. Kennen Sie die Motive der Kunden, so können Sie gezielt den Nutzen argumentieren. Es gibt immer zwei Möglichkeiten: Der Kunde erzählt Ihnen, was ihm wichtig ist, oder Sie müssen aktiv und direkt erfragen, worauf er besonderen Wert legt!

Spielen Sie Sherlock Holmes, seien Sie neugierig und stellen Sie Fragen!

Die Motive unserer Kunden, sich (immer wieder) für uns zu entscheiden, sind vielfältig. Bewusst oder unbewusst – der Kunde entscheidet sich für denjenigen, der es versteht, seine Bedürfnisse zu erkennen und in seiner Sprache zu sprechen. Wichtig ist, dass der Kunde sich verstanden und gut aufgehoben fühlt. Es gibt zahlreiche Motive, die Menschen antreiben und leiten. Beispielhaft greife ich einige Hauptmotive heraus, die oft im Vordergrund stehen:

Hauptmotive, die Menschen antreiben

- Gewinn
- Status
- Macht
- Bequemlichkeit
- Sicherheit
- Gesundheit
- Abenteuer
- Fürsorge
- Innovation

Wann steht welches Motiv im Vordergrund? Woran liegt das? Jeder von uns trägt diese Motive in sich. Spannend wird es, wenn Sie sich vor Augen führen, welches Motiv in einer bestimmten Situation (während des Kundengesprächs) dominiert. Manchmal gibt ein Unternehmen durch sein Angebot bereits vor, welches Motiv beim Kunden angesprochen bzw. bedient wird.

Beispiel:
> Ein Pizza-Bringdienst bedient eindeutig vorrangig das Motiv Bequemlichkeit. Das bedeutet, auch wenn die Pizza im italienischen Restaurant um die Ecke mit hoher Wahrscheinlichkeit (freundlich serviert) deutlich frischer als die aus dem Pappkarton schmeckt, entscheidet sich ein Kunde bewusst für den Bringdienst, der die Pizza aus rein praktischen Gründen im Äußeren wenig ansprechend (Pappkarton, Warmhaltebox) bringt. Je nach Fahrtweg sogar nur noch lauwarm bzw. etwas pappig und trotzdem ist der Kunde zufrieden. Woran liegt das?
> Der dringende Wunsch, zuhause bleiben zu können, hat in diesem Moment offensichtlich Vorrang und überlagert alle anderen Motive. Dadurch wird ein sonst scheinbar auf der Hand liegendes Argument (zum Beispiel Frische des Produkts oder netter Service) einfach unwichtig bzw. uninteressant.

Besonders anschaulich lässt sich das Thema Motive auch anhand der Autobranche erklären. Überlegen Sie einmal kurz: Wenn Sie an verschiedene Automarken denken, welche steht dann für Sie für das Motiv Sicherheit? Genau, Volvo zum Beispiel. In 99 % aller Fälle kommt seit Jahren genau diese Antwort. Immer wieder und von den unterschiedlichsten Menschen. Das heißt, Volvo hat es verstanden, konsequent ein für viele Kunden wichtiges Motiv mit seinem Produkt zu verknüpfen.

Ein anderes Motiv, das immer wieder bei vielen Kunden im Vordergrund steht, ist Status! Wem Status besonders wichtig ist, der legt Wert darauf, zu zeigen, was er hat! Markenkleidung bedient dieses Motiv. Aus welchem Grund sonst macht es Sinn, für einen Pullover aus gleichem Material und in derselben Farbe mehr Geld auszugeben, nur weil dort das entsprechende

Logo auf der Bekleidung ist? Ach ja, wegen der besseren Qualität, möglicherweise ... Manchmal scheinen mehrere Motive gleichrangig wichtig zu sein. Eine spannende Aufgabe für den Verkäufer oder Servicemitarbeiter, herauszufinden, wo er noch anknüpfen kann. Zurück zum Motiv Status: Welche Automarken kommen Ihnen als Erstes in den Sinn, wenn Sie an das Motiv Status denken? Mercedes, BMW? Ganz gleich in welcher Reihenfolge, ich bin sicher, dass Ihnen eine Automarke wie Mercedes auf jeden Fall auch in den Sinn kommt. Natürlich kann sich nicht jeder Kunde einen großen S-Klasse-Wagen leisten, selbst wenn ihm das Motiv Status in irgendeiner Form wichtig ist. Um auch andere Käuferschichten zu erreichen, wurden in der Konsequenz unterschiedliche Serienmodelle entwickelt. Die A-Klasse von Mercedes ist dafür ein gutes Beispiel.

Die Aufgabe des Autoverkäufers ist es, über gezielte Fragen in der Phase der Bedarfsermittlung herauszufinden, was dem Kunden wichtig ist bzw. worauf er besonderen Wert legt – neben dem Motiv Status. Das heißt, auch wenn ein Motiv vielleicht zunächst scheinbar im Vordergrund steht, spielen oft weitere Themen eine Rolle. Einem jungen Elternteil ist vielleicht der Aspekt der Sicherheit für den Nachwuchs besonders wichtig, während ein anderer Kunde vor allem Wert auf Sportlichkeit legt. Eine Frau, die beruflich mit ihrem Pkw eine repräsentative Aufgabe übernimmt, legt privat vor allem großen Wert auf sparsames Fahren (Motiv finanzieller Gewinn). Das heißt in der Konsequenz, dass beim Kauf ihres privaten Familienwagens voraussichtlich der Verkäufer überzeugt, der zum Beispiel einen Pkw mit sehr geringem Benzinverbrauch präsentieren und empfehlen kann. Welche Farbe dieser Pkw dann hat, ist für eine Kundin mit dem Hauptaugenmerk auf Sparsamkeit zweitrangig.

> Achtung! Je nachdem, in welcher Situation sich Ihr Kunde befindet und für welchen Anlass er etwas kaufen möchte, können bei ein und demselben Kunden die Motive sehr unterschiedlich sein.

Das heißt konkret: Eine gute, Ihnen bekannte Kundin, die vergangenes Jahr ihren repräsentativen, teuren Wagen bei Ihnen in der Filiale gekauft hat, wird beim Kauf ihres privaten Familienwagens heute unter Umständen ganz andere Maßstäbe ansetzen!
Im Abgleich mit der Praxis erlebe ich dagegen häufig, dass erfahrene Verkäufer – im guten Glauben, den Kunden ja zu kennen („Ich weiß genau, was mein Kunde will! Der hat sich ja auch die letzten drei Male für sehr exklusive, hochwertige Markenware interessiert!") – direkt in die ihnen bereits vertraute Richtung argumentieren, ohne die Worte des Kunden wirklich zu hören oder körpersprachliche Signale wie Irritation oder Ablehnung als wichtige Hinweise zu bemerken. Was für ein Trugschluss! „Heute, hier und jetzt" kann die Situation neu und das Anliegen ein ganz anderes sein.

Beispiel:
> Ein Ihnen bekannter Kunde, der bei seinem vergangenen Einkauf großen Wert auf hochwertige, maßgeschneiderte Markenware gelegt hat, betritt wieder Ihr Geschäft („Danke!"). Sie erinnern sich, der Preis spielte damals nur eine nachrangige Rolle, sehr gute Qualität und Aussehen standen im Vordergrund (kein Wunder, er benötigte an diesem Tag Bekleidung für seine eigene Hochzeit!). Auch wenn Sie noch nicht wissen, was er heute kaufen möchte, hochwertig wird es auf jeden Fall sein müssen, das ist doch klar, oder?

Auch wenn uns vergangene Kauf- oder Serviceerlebnisse mit unseren Kunden immer auch wertvolle Hinweise auf Kaufverhalten und bestimmte Hauptmotive geben: Fragen Sie jedes Mal neu nach dem aktuellen Anlass und den individuellen Vorstellungen, sofern Ihnen der Kunde das nicht von alleine sagt. Der Kunde aus dem oben genannten Beispiel hat zum Beispiel heute ganz andere Bedürfnisse als beim letzten Mal. Dieses Mal hat er vor allem das Preis-/Leistungsverhältnis im Blick und legt großen Wert auf Bequemlichkeit, denn er sucht Bekleidung für seinen Freizeiturlaub auf einem Campingplatz. Ein qualitativ hochwertiges Oberteil, noch dazu im oberen Preissegment, wäre hier vollkommen überzogen. Eine fachliche Beratung in diese Richtung wäre absolut ignorant bzw. unprofessionell und würde sicherlich auch entsprechend auf den Kunden wirken.

Hand aufs Herz

- Schießen Ihnen auch manchmal Gedanken wie „Ich weiß ganz genau, was der will!" durch den Kopf?
- Können Sie für sich unterschreiben, dass Sie Ihrem Kunden in dem Moment noch mit voller Aufmerksamkeit zuhören bzw. im Sinne von „Antennen an!" auf feinste Signale achten?

„Antennen an!"

1. Seien Sie achtsam, was Ihnen der Kunde im ersten Eindruck sagt – verbal und auch nonverbal.
2. Hören Sie ihm genau zu und greifen seine Worte auf, sofern er Ihnen aktiv bereits Informationen liefert.
3. Fragen Sie immer (!) gezielt nach den Vorstellungen, Erwartungen und Wünschen: „Herr XY, was ist Ihnen in diesem Zusammenhang besonders wichtig? Worauf legen Sie den größten Wert?"

Bei den vorangegangenen Beispielen wäre es sicherlich eine selbstverständliche Frage, wofür der Wagen oder die Bekleidung insbesondere gedacht ist.

4. Beobachten Sie genau sowohl die verbalen als auch die nonverbalen Reaktionen Ihres Kunden. Sie geben Ihnen wertvolle Hinweise, in welche Richtung Sie den Kunden weiter beraten, damit er sich auch angesprochen und verstanden fühlt. Nur so werden Sie sein Interesse wecken.

Angeln Sie nicht im Trüben!

Ein Angler, der Forellen angeln will, aber nicht den richtigen Köder einsetzt, der wird unter Umständen auch nach Stunden an einem mit Fischen voll besetzten Angelteich leer ausgehen, obwohl er die teuersten und modernsten Köder einsetzt. Leider sind diese jedoch für diese Fischart (Kunden) gar nicht geeignet bzw. verwendbar. Der Fisch (Kunde) erkennt gar nicht, dass es ein Leckerbissen extra für ihn ist. Ich muss also wissen, was meinem Fisch (Kunden) vertraut ist, damit er auch anbeißen kann und ihm mein Angebot schmeckt.

Aus den Motiven die Nutzenargumentation ableiten
Die Nutzenargumentation bietet Ihnen die Möglichkeit, aus Ihrem Leistungsangebot den richtigen „Anzug" (Ware, Dienstleistung) für den jeweiligen Kunden herauszusuchen, um ihn dann nach gemeinsamer Absprache wirklich individuell nach Maß zuzuschneidern oder zusammenzustellen! Der Kunde soll sich individuell verwöhnt fühlen. Dazu gehört neben Ihrer hundertprozentigen Aufmerksamkeit auch, dass er sich durch Ihre Beratung absolut abgeholt und verstanden fühlt. Was gehört dazu?
Dem Kunden achtsam zuzuhören und in der Konsequenz mögliche Kaufmotive zu erkennen, ist ein erster, wichtiger Schritt der zweiten Phase des Kundenbeziehungszyklus. Die daraufhin wirklich individuell auf den Kunden zugeschnittene Beratung ist ein weiterer, wichtiger Schritt, um den Kunden zu überzeugen, dass *Sie* die richtige Adresse für ihn sind. Bei den heutigen Möglichkeiten für den Kunden, sich über Vergleichsangebote zu informieren (das Internet spielt hier eine große Rolle), ist es umso wichtiger, den Kunden auf der Beziehungsebene zu erreichen.

> Sprechen Sie den individuellen Nutzen für Ihren Kunden „heute, hier und jetzt" klar aus!

Das gute Gefühl, bei Ihnen gut aufgehoben zu sein, reicht manchmal nicht mehr. Auch wenn es kleinlich klingen mag: Geben Sie Ihrem Kunden das Gefühl, dass er bei Ihnen in den besten Händen ist. Dieser kleine, aber feine Unterschied gibt manchmal den Anstoß für eine Kaufentscheidung, einen Vertragsabschluss oder einfach eine nachhaltigere, emotionale Kundenbindung. Wie erreichen Sie das? Wer es schafft, nicht nur den persönlichen Nutzen des Kunden zu erkennen, sondern diesen ihm gegenüber auch deutlich aufzuzeigen, der kann sich seines Gehörs sicher sein.

„Antennen an!"
Professionelles, wertschätzendes Auftreten ist der erste Schritt, um dem Kunden ein gutes Gefühl zu geben. Haben Sie im nächsten Schritt die Motive des Kunden erfragt, gilt es, daran anzuknüpfen und das Wissen gezielt zu nutzen. Sprechen Sie klar den Nutzen bzw. Vorteil für Ihren Kunden an. Dadurch benennen Sie deutlich, wonach er sich sehnt bzw. was sein Bedürfnis ist. Wer fühlt sich da nicht abgeholt und verstanden? Zu Recht – ein gutes Zeichen, dass jemand aufmerksam zugehört hat.

> Emotional involvierte Kunden bleiben treu!

Steht bei Ihrem Kunden heute Sicherheit an erster Stelle, so wird er sich – ob bewusst oder unbewusst – bei den Worten wie „Garantie", „Zuverlässigkeit" usw. absolut verstanden und abgeholt fühlen. Jemand, bei dem Gewinn über allem steht, der wird Worte wie „sparen", „erzielen", „gewinnen", „Umsatz" besonders gerne hören. Beide Motive können in derselben Kundensituation echte Argumente für ein Produkt oder eine Dienstleistung sein. Die Kunst, im positiven Sinne eine Kaufentscheidung herbeizuführen, besteht darin, genau heraus zu hören oder konkret nachzufragen, was dem Kunden „heute, hier und jetzt", also in dieser Situation besonders wichtig ist (siehe Motive erkennen). Um dann im nächsten Schritt den Kundennutzen in Bezug auf das aus Ihrer Sicht passende Produkt auch klar auszusprechen.

> Konkret: Legt mein Kunde in einer bestimmten Situation besonderen Wert auf Sicherheit, so können Sie noch so starke Argumente im Hinblick auf z.B. den möglichen Gewinn bringen – Ihr Kunde wird sie weder richtig hören, noch sich verstanden fühlen.

Brückenformulierungen

Um die Brücke zwischen Ihrem Produkt oder Ihrer Dienstleistung zu schlagen, bietet sich das Verwenden von Brückenformulierungen an. Brückenformulierungen zu nutzen, bedeutet Feinschliff in der Sprache. Als Denkanstoß stelle ich Ihnen ein paar **gern gehörte Wörter und (un)bewusst verstandene Brückenformulierungen** zu den einzelnen Hauptmotiven vor, um Ihre Argumentation gezielt zu unterstützen. Seien Sie kreativ und ergänzen Sie eigene Formulierungen! Nachfolgend finden Sie einige Beispiele, mit denen Sie die Kunden auch in Bezug auf das Kaufmotiv in der Sprache abholen können:

- **Motiv Sicherheit:**

  Garantie, (Ver/Ab)Sicherung: Erkennen Sie das Motiv Sicherheit, so ist eine passende Brückenformulierung zum Beispiel: „Das garantiert Ihnen ...!"/„Das stellt sicher, dass Sie ...". Wem Sicherheit wichtig ist, der fühlt sich (bewusst und unbewusst) durch ein Wort wie Garantie sofort angesprochen und verstanden.

- **Motiv Bequemlichkeit:**

  Erleichterung, Bequemlichkeit, Annehmlichkeiten – leiten Sie daraus Ihre Argumentation ab: „Das erleichtert Ihnen .../Das ermöglicht Ihnen ...!"

- **Motiv Gewinn:**

  Einsparung, Gewinn erzielen, Rabatt: „Dadurch sparen Sie ...

- **Motiv Status:**

  Anerkennung, Wert, Juwel: „Damit können Sie sich wirklich überall sehen lassen!"/„Diese ... hat einen besonderen ...!"

- **Motiv Gesundheit:**

  Bewusstsein: „Wir achten sehr auf ...!"/„Wir legen Wert auf ..."

- **Motiv Fürsorge:**

  Miteinander/Füreinander, Schutz: „Sie schützen Ihre Kinder dadurch vor ..."

- **Motiv Abenteuer:**
  Erlebnis, Überraschung, Risiko, Spannung: „Sie werden auf jeden Fall etwas Besonderes erleben."
- **Motiv Innovation:**
  „Da haben Sie auf jeden Fall das Neueste, was es zurzeit auf dem Markt gibt!"

Argumentationskette

Eine Behauptung jagt die andere. Kundengespräche, die sich im Kreis drehen, finden überall tagtäglich statt. Unnötige Zeitverschwendung für beide Seiten, noch dazu in wenig förderlicher Gesprächsatmosphäre. Eine der effektivsten Gesprächstechniken, die ich Ihnen gerne ans Herz legen möchte, um genau diese sinnlosen Gespräche zu verhindern, ist die Argumentationskette. Die Anwendung der Argumentationskette verschafft Ihrem Kundengespräch eine reelle Grundlage, auch bei gegensätzlichen Meinungen wertschätzend zu diskutieren. Ein Werkzeug, das beruflich wie privat unendlich wertvoll ist – versprochen!

Die Argumentationskette besteht aus vier Punkten:
1. **Behauptung** – „Das ist so ..."
2. **Begründung** – „..., weil ..."
3. **Beispiel** – „Das sehen Sie daran, dass ..."
4. **Konsequenz** – „Das bedeutet für Sie .../Dadurch profitieren Sie ..."

Das Tolle an dieser Gesprächstechnik ist, dass Sie die Argumentationskette sowohl sagend als auch fragend einsetzen können.

> **Beispiel:**
> Der Verkäufer eines Autohauses behauptet: „Wenn Sie sich für dieses Auto entscheiden, können Sie nichts verkehrt machen!"

Das ist zunächst nichts mehr als eine freche **Behauptung**, das heißt, ich benötige eine **Begründung**. Da diese oft sehr allgemein ausfällt (Begründung: „..., weil es eines unserer meist gekauften Autos ist") empfiehlt es sich stattdessen, ganz konkret ein, zwei Beispiele aufzuführen. Die Nennung eines **Beispiels** ist das Herzstück der Argumentationskette. Hier wird schnell deutlich, ob das, wovon Ihr Gesprächspartner (Kunde) spricht, Hand und Fuß hat oder nicht. Je detaillierter das Beispiel, umso wirkungsvoller: „Im Jahr 2009 hat sich schon jeder dritte Kunde bei uns für diesen Wagen entschieden. Das bedeutet bereits über 70 zufriedene Kunden, die seit vergangenem Jahr stolze Besitzer des ... sind."

Um wirklich überzeugend zu argumentieren, ist es wichtig, in Bezug auf Ihre aufgestellte Behauptung auch zu kommunizieren, was das für die Zukunft bedeutet. Zeigen Sie an dieser Stelle deutlich die **Konsequenzen** oder Nutzen für den Kunden auf (Motive beachten!): „Das bedeutet für Sie, Frau Reeder, dass Sie in ein bewährtes Modell investieren."

Oft scheint es uns selbstverständlich zu sein, was das für den Kunden bedeutet. In den meisten Gesprächssituationen bedeutet das konkrete Aufzeigen des persönlichen, individuellen Nutzens jedoch den entscheidenden Impuls für die (Kauf-)Entscheidung.

Zum einen können Sie die Argumentationskette selbst einsetzen, um überzeugend zu argumentieren. Zum anderen ist es möglich, die Argumentationskette fragend einzusetzen, um den Wahrheitsgehalt und die Gewichtung der Aspekte Ihres Kunden zu überprüfen. Hier die vier Punkte zum Einsatz der Argumentationskette in der Frageversion:

1. **Behauptung** – „Warum ist das so? Aus welchem Grund glauben Sie, dass ...?"
2. **Begründung** – „Wie kommen Sie darauf?"
3. **Beispiel** – „Woran erkennen Sie das konkret? Woran machen Sie das fest?"
4. **Konsequenz** – „Was bedeutet das für Sie/für mich in der Zukunft? Welcher Nutzen lässt sich daraus ableiten?"

(Kauf)Entscheidung herbeiführen

Sobald Sie wissen, was Ihrem Kunden wichtig ist (verbale und nonverbale Kaufsignale beachten), bietet auch hier die Verwendung einer stichhaltigen Argumentationskette eine gute Möglichkeit, Ihren Kunden von Ihrem individuellen Leistungsangebot zu überzeugen. Logisch aufeinander aufgebaut, findet sich der Kunde mit seinen Erwartungen und Wünschen wieder. Die positive Wirkung wird verstärkt, wenn Sie in der Sprache des Kunden sprechen oder Worte des Kunden nutzen bzw. wiederholen. Das dadurch Vertraute und Ersehnte unterstützt Sie, die für Ihren Kunden attraktiven Aspekte unter Berücksichtigung seiner Motive herauszustellen. Sein individueller Nutzen steht dadurch sichtbar im Raum und macht Ihr Angebot sicherlich interessant für ihn.

Ich lege Wert darauf, dass es mir auch bei der Anwendung dieser Gesprächstechnik darum geht, eine ehrlich gemeinte, seriöse Beratung im Sinne des Kunden (unter Berücksichtigung der Firmeninteressen natürlich) zu unterstützen. Aggressives Verkaufen hingegen unter Verwendung reiner, antrainierter Gesprächstechniken und ohne Berücksichtigung der Kundeninteressen ist absolut unprofessionell und kurz gedacht. Darüber hinaus führt es oft nicht zum erwünschten Erfolg. Wer sich im Nachhinein nicht gut beraten fühlt, versucht seinen soeben geschlossenen Vertrag rückgängig zu machen oder bringt die gekaufte Ware bei der nächstbesten Gelegenheit zurück. Das sorgt garantiert in letzter Konsequenz zusätzlich für negative Mundpropaganda und ist keine Weiterempfehlung, mit der Sie sich schmücken könnten.

Feedback ist ein Geschenk

Feedback ist ein Geschenk! Die Rückmeldung des Anderen ist kostenlos, ermöglicht uns einen Abgleich zwischen Selbstbild und Fremdwahrnehmung und gibt uns die Chance, im Sinne des Kunden zu reagieren bzw. gegebenenfalls nachzubessern und zu optimieren. Bei oberflächlicher Betrachtung geben sich viele Unternehmen gerne offen und modern. In fast allen Firmenphilosophien tauchen Aspekte wie Wertschätzung und

Offenheit als fest verankerte Werte auf. Als Hochglanzplakat im Eingangsbereich, in Fluren, Büros und Lagerhallen scheinen diese Werte ständig allgegenwärtig zu sein.
Bei genauerem Hinsehen oder gezieltem Nachfragen entpuppen sich leider viele dieser Ansprüche als schicke Worthülsen. Zahlen, Daten und Fakten bestimmen den Alltag, in großen Konzernen dominiert das Quartalsdenken. Für das, was zwischen den Zeilen mitschwingt, bleibt keine Zeit bzw. kein Raum. Doch gerade das ist ein wichtiger Indikator, um bewusst wahrzunehmen: **„Was läuft gut und was geht besser?"**
Um ein Gefühl für Themen, etwaiges Konfliktpotential und anstehende Herausforderungen zu bekommen, ist es als Mitarbeiter eines Unternehmens zwingend notwendig, in den direkten Dialog mit den Kunden zu treten. Das setzt voraus, regelmäßig präsent zu sein und in der Konsequenz wirklich bewusst Zeit für das Gespräch mit dem Kunden einzuplanen, auch und gerade wenn wir grundsätzlich wenig Zeit für Small talk haben. Agieren Sie proaktiv. Es geht darum, die eigenen Kunden aktiv zu befragen, was gut funktioniert und was wie optimiert werden müsste. Wer sollte Ihnen das besser sagen als Ihre eigenen Kunden? Natürlich ist das keine neue Erkenntnis.
Ich benenne das Thema aus dem Grund, weil mir gleichzeitig bewusst ist, wie viele Einwände es gibt, weswegen Sie gerade jetzt keine Extrazeit vor Ort investieren können. Mal abgesehen davon, dass für Kundendienstmitarbeiter immer wieder das Thema „Wo soll ich die Zeit bloß hinschreiben?" im Raum steht. Hier gilt: Rückgrat zeigen, dem Vorgesetzten gegenüber argumentieren! Der Kunde steht schließlich im Mittelpunkt unseres Handelns, oder? Also nutzen Sie die wertvolle Chance, im direkten Gespräch mit dem Kunden herauszufinden, was Bedarfe, Erwartungen und auch Bauchschmerzen Ihres Kunden sind. Der ernsthafte, aktive Austausch mit Ihrem Kunden ist das wertvolle Kapital der Zukunft – sofern wir offen genug sind, auch Kritisches dankbar aufzunehmen, um es genauso (selbst)kritisch zu hinterfragen.
„Herr Cordes, Sie sollen wissen, ich bin jederzeit offen für Kritik ..., solange sie positiv ist!" – auch wenn ich diesen Satz in

Zusammenhang mit einem Schmunzeln erlebt habe, so steckt doch ein interessantes Phänomen dahinter. Solange wir positive Rückmeldungen von unseren Kunden erhalten, nehmen wir das gerne auf. Sobald es kritische Anmerkungen sind, fällt es uns erfahrungsgemäß oft schwer, genauso offen zu bleiben. Doch genau hier lege ich gerne den Finger in die Wunde: Von wem sonst wollen wir erfahren, was wir bereits gut machen und wo es noch hakt?

Das gilt übrigens auch intern für Sie als Führungskraft: „Mir ist bewusst, dass es wichtig ist und ich würde wirklich gerne mehr mit meinen Mitarbeitern sprechen, aber ich habe einfach keine Zeit!", höre ich regelmäßig von Führungskräften, die zum Beispiel den Kundendienst leiten.

Mein klarer Appell: Es **muss** eindeutig mit als Führungsaufgabe verstanden und in Ihren Alltag integriert werden. Ein klarer Kommunikationsstil und ein transparenter Informationsfluss machen den Großteil von erfolgreicher Führungsarbeit aus. Das regelmäßige Gespräch mit dem Mitarbeiter (und sei es auch noch so kurz) ist von enormer Bedeutung. Nutzen Sie auch Gelegenheiten, die sich bieten – nicht erst, wenn einmal etwas schief gelaufen ist („Was war da wieder los?").

Zurück zur alltäglichen Herausforderung, sich der Bedeutung des persönlichen Kundenkontakts (intern wie extern) regelmäßig vor Augen zu führen. Die bittere Konsequenz im schlechtesten Fall, wenn Sie sich nie die Zeit nehmen, um gezielt nachzufragen: „Was war gut? Was geht besser?", lautet:

> Erst fehlt die Zeit, dann die Kunden!

Dann haben Sie allerdings wieder ausreichend Zeit ...

Hand aufs Herz

- Mit wem verbringen Sie (wie viel) mehr Zeit im Gespräch? Mit dem angenehmen oder dem für Sie unbequemen/anstrengenden Kunden, Kollegen, Vorgesetzten oder Mitarbeiter?
- Wie offen nehmen Sie die Kritik eines unbequemen, anstrengenden Kunden wirklich entgegen?
- Ist es nicht gerade der Kunde, bei dem es besonders wichtig ist, achtsam zuzuhören, weil er mir unter Umständen wertvolle Hinweise gibt, was bei mir im Unternehmen hakt?

„Antennen an!"

1. Leben und arbeiten Sie mit der Grundhaltung: „Feedback ist ein Geschenk!" Jede einzelne Rückmeldung ist wertvoll und sei sie auch noch so unangenehm und fordernd.
2. Bedanken Sie sich ehrlich für jede Rückmeldung eines Kunden, sie ist ein wichtiger Hinweis für feinste Stimmungen und Erwartungen im Hinblick auf die Kundenzufriedenheit.
3. Betrachten Sie den Kunden als eine Art „kostenlosen Unternehmensberater"!
4. Die Kunst besteht darin, kritische, unangenehme Rückmeldungen des Kunden zum einen nicht persönlich zu nehmen und gleichzeitig doch zu Ihrem persönlichen Anliegen zu machen!

Reklamation als Chance

Perspektivenwechsel:
Überlegen Sie, wann Sie das letzte Mal etwas reklamiert haben.
- Was haben Sie reklamiert?
- Was hat es in der Konsequenz bedeutet, als Sie diese Sache zum Beispiel ersetzt haben wollten?
- Wie viel Organisation (Anrufe, Fahrtzeit oder Gespräche) hat es Sie gekostet, das zu regeln? (Aufwand und Zeitinvestition)

- Was hat das für ein Gefühl bei Ihnen ausgelöst? (Wut, Unsicherheit, Unwohlsein)
- Was haben Sie in der Situation vom Verkäufer bzw. Kundendienstmitarbeiter erwartet?

Kurios ist: Solange alles zur Zufriedenheit läuft und nichts Unerwartetes passiert, scheint alles in Ordnung. Gleichzeitig bietet die reine Leistungserfüllung noch lange keinen Grund für eine tragfähige Kundenbeziehung, geschweige denn Begeisterung und in der Konsequenz eine tragfähige Kundenbindung. Wenn Sie Glück haben, reklamiert Ihr Kunde etwas, wenn er nicht zufrieden ist. Nur so haben Sie die Gelegenheit, nachzubessern und ihn wieder für sich zu gewinnen. Ein Kunde, der unzufrieden ist und sich nicht offen mit seiner Kritik an uns wendet, ist verloren. Ausgesprochene Kritik wird zunächst zwar oft als negativ oder unangenehm empfunden, bietet aber gleichzeitig eine hervorragende Chance: Der souveräne Umgang mit der Situation ermöglicht es uns, den Kunden dauerhaft an uns zu binden. Wer es als Unternehmen in der Reklamationssituation schafft, offen und engagiert im Sinne des Kunden auf die Beschwerden desselben einzugehen, der überzeugt auch langfristig.

Durch eine verständnisvolle, unkomplizierte Abwicklung im Sinne des Kunden beweisen Sie Ihr ernsthaftes Interesse an seiner Zufriedenheit. In dieser Situation zeigt sich durch die Art und Weise, wie Sie mit Fehlern bzw. Pannen umgehen, die professionelle Arbeitsweise Ihres Unternehmens. Kann ich mich als Kunde auch in schwierigen Situationen auf das Unternehmen verlassen, so habe ich einen wirklichen Grund, dort wieder hinzugehen.

> Reklamation – eine tolle Chance zur Kundenbindung!

„Antennen an!"
Hören Sie Ihrem Kunden aktiv zu, lassen Sie ihn sich den eventuell entstandenen Ärger bzw. die Enttäuschung von der Seele reden. Bringen Sie Ihren Kunden in schwierigen Situationen immer Verständnis entgegen, bevor Sie sich dann selbstverständlich darum kümmern, wie Sie die Sache in seinem Sinne regeln. Auch ein ehrliches „Danke" für seine Offenheit und die damit verbundene Chance für Ihr Unternehmen, wieder zueinanderzukommen, ist aus meiner Sicht durchaus angebracht.

Tipp:
Sprechen Sie deutlich aus: „Mir ist wichtig, dass Sie als Kunde auch bzw. gerade heute zufrieden sind, wenn wir wieder auseinander gehen!"

Der Kunde betrachtet und beurteilt stets die gesamte Wirkungskette des Unternehmens und jede Kette ist nur so stark wie ihr schwächstes Glied!

Abteilungsübergreifendes Arbeiten – über den Tellerrand schauen

In meinen Trainings höre ich manchmal: „Was nützt es, wenn wir uns mit unserem Team weiterentwickeln und an uns arbeiten, aber unsere Kollegen aus der Vertriebsabteilung oder der Telefonzentrale machen weiter wie immer!?" Ein auch aus meiner Sicht ganz wesentlicher Aspekt. Es sollte immer das Anliegen des Unternehmens sein, Entwicklungsaufgaben ganzheitlich und langfristig zu planen und durchzuführen. Mit dem Anspruch auf nachhaltige Erfolge beim Kunden müssen Maßnahmen und Aktionen zwingend abteilungsübergreifend verbreitet und gelebt werden. In fast jedem Unternehmen bieten die Schnittstellen zwischen mehreren Abteilungen noch genügend Potential, sowohl Abläufe als auch die interne Kommunikation zu optimieren. Mit dem Bewusstsein, dass sowohl telefonische als auch Mitarbeiter im direkten Kundenkontakt stets die „persönliche Visitenkarte" des Unternehmens sind, sollte es selbstverständlich sein, dass es erstens für alle Abteilungen festgelegte Standards im professionellen Umgang mit dem Kunden gibt und zweitens, dass der Informationsfluss untereinander transparent und klar geregelt ist. Nur so ist ein glaubwürdiger, professioneller Außenauftritt als Grundlage für positive Kundenbindungen gewährleistet.

„Wer erhält wann welche Informationen zu welchem Kunden?" Nicht zu unterschätzen ist hier auch die Bedeutung des informellen Austauschs von Kollegen untereinander. Geschickt aufgesetzt lassen sich durch ein kluges Weiterbildungskonzept schöne Synergie-Effekte erzielen. Nur gut funktionierendes, abteilungsübergreifendes Denken und Handeln gewährt heute ein einheitliches, professionelles Auftreten am Markt.

Wissen teilen
Ein absolutes Muss-Kriterium ist aus meiner Sicht der eigene Anspruch, Wissen zu teilen. Nur so wird wertvolles Know-how weitergereicht und optimal genutzt. Der gezielte Austausch unter Kollegen zwischen „alten Hasen" und „Frischlingen" ist unendlich wertvoll. Erfahrungswerte und ganz neue Herangehensweisen der jüngeren Kollegen sind eine wertvolle Mischung, um Ihren Kunden von sich und Ihren Leistungen zu überzeugen. Ich erlebe oft, dass Mitarbeiter mit zum Teil jahrzehntelangem Know-how „einfach so" irgendwann in Rente gehen. Stellen Sie sicher, dass Sie rechtzeitig alles Notwendige an Wissen von Ihrem Kollegen oder Mitarbeiter zur Verfügung gestellt bekommen, bevor nicht nur der Kollege, sondern mit ihm auch sein gesamtes Know-how verschwunden sind.

Doch es geht hier noch um einen weiteren Aspekt: die Außenwahrnehmung des Kunden. Wissen zu teilen bedeutet, sowohl Informationen von anderen (Abteilungen) zu erhalten, als auch, sich aktiv um fehlende Informationen zu kümmern. Nur so können Sie gewährleisten, dass Sie intern auf dem neuesten Stand sind. Ein wichtiges Zeichen nach außen.

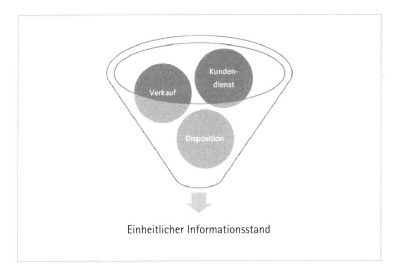

Einheitlicher Informationsstand

Holen Sie sich aktiv fehlende Informationen ein, bringen Sie sich aktiv auf den neuesten Stand! Dem Unternehmen, dem Kunden und sich selbst zuliebe.

Beispiel:
> Während einer Bauphase sprach ein Kunde seinen zuständigen Ansprechpartner auf das ihm nun vorliegende Angebot über die Installation einer innovativen, besonderen Heizungsanlage an. Der erstaunte Blick des Bauleiters verriet deutlich, dass er über das aktuelle Angebot aus dem eigenen Haus gar nicht informiert war. Da sich das Angebot keinesfalls mit seinen Empfehlungen gegenüber diesem Kunden deckte, wurde er auch noch überraschend mit kritischen Nachfragen dazu konfrontiert. „Sprechen Sie denn intern nicht miteinander?", fragte der Kunde etwas ketzerisch, als klar war, dass sein zuständiger Ansprechpartner und die interne Verkaufsabteilung sich in keiner Weise untereinander abgestimmt, geschweige denn miteinander gesprochen hatten.

Eine unangenehme Situation für Sie vor Ort im direkten Kundenkontakt. Hier gilt es, offensichtliche Versäumnisse zwar einzugestehen, aber auch, sie gleichzeitig als überraschende Ausnahme deutlich zu machen. So bleibt der Eindruck „Grundsätzlich läuft dort alles richtig" bestehen. Die anschließende Klärung (was aus welchem Grund wo gehakt hat) ist genauso wichtig, um dieselben Fehler zukünftig zu vermeiden. Entscheidend ist, dass sie immer hinter den Kulissen intern erfolgt.

Muss-/Soll- und Kann-Leistungen

Die eigene Haltung und der persönliche Anspruch haben immer einen großen Einfluss auf die Qualität der Arbeitsleistung. Innerhalb Ihrer beruflichen Aufgabe gibt es oft zahlreiche Freiräume und Möglichkeiten, Ihren Alltag im Kundenkontakt zu gestalten. Muss-Leistungen beschreiben das Minimum an Leistung, das der Kunde erwarten kann. Dazu gehört die sorgfältige Auftragsausführung von beispielsweise Handwerkern oder Kundendienstmitarbeitern, die vertraglich „schwarz auf weiß" festgelegt bzw. vorgegeben ist, genauso wie die engagierte Beratung und professionelle Betreuung von Kunden durch Mitarbeiter aus Verkauf und Service.

In welcher Liga wollen Sie mitspielen? Wie wollen Sie von Ihren Kunden wahrgenommen werden? Als Unternehmen und als Person?

Im Sport würde man sagen, die Erfüllung reiner Muss-Kriterien entspricht der Kreisliga. Von Championsleague keine Spur. Einhundert Prozent Vertragserfüllung ist das Minimum, das ein Kunde erwarten kann. Scheinbar selbstverständlich. Sogar schriftlich fixiert.

Sind Sie jemand, der in jedem Fall die erforderlichen und zu Recht erwarteten „Muss-Leistungen" grundsätzlich erfüllt? Als Denkanstoß gebe ich Ihnen gerne ein Beispiel, aus welchem Grund ich selbst die Erfüllung dieser scheinbar selbstverständlichen Mindestleistung bei vielen Unternehmen oft in Frage stelle.

Beispiel:

Ein besonderes Phänomen, das mir immer wieder in unterschiedlichsten Branchen begegnet: Es gibt scheinbar so etwas wie offizielle und inoffizielle Öffnungszeiten ...

Kennen Sie das: Sie gehen kurz vor Ladenschluss in ein Geschäft und benötigen fachliche Hilfe? Es gibt offensichtlich mehrere

Mitarbeiter, aber niemand nimmt Notiz von Ihnen. Es scheint geradezu so, als störten Sie. Ist ja auch irgendwie frech, so kurz vor Feierabend erst einkaufen zu gehen. „Sie hatten doch den ganzen Tag lang Zeit einzukaufen. Wir haben schließlich seit heute morgen 8.30 Uhr geöffnet!", scheint die Verkäuferin zu denken, während sie ihren Kunden hartnäckig ignoriert und sich betont um das Räumen der Waren kümmert. Absolut unprofessionell ...

Der Kunde kann selbstverständlich während der offiziellen Arbeits- bzw. Öffnungszeiten 100-prozentigen Service erwarten – zu jeder Zeit!

Es darf keinen Unterschied in der Behandlung bzw. Beratung geben, ganz gleich, ob er ganz früh unser erster Kontakt ist oder sich erst fünf Minuten vor Feierabend meldet. Unabhängig davon, ob Sie im Verkauf oder Service arbeiten, solange es noch in Ihre Arbeitszeit fällt, bedeutet Professionalität: Jeder Kunde erhält einhundert Prozent Aufmerksamkeit von Ihnen und zwar unabhängig davon, ob Ihr Kunde morgens, mittags oder kurz vor Feierabend ein Anliegen hat.

Wo ziehen Sie Ihre persönliche Grenze? Eine Viertelstunde vor Feierabend bereiten Sie sich innerlich auf den Feierabend vor? Zehn Minuten vor Arbeitsende muss nun wirklich niemand mehr kommen? Fünf Minuten vor Feierabend möchten Sie am liebsten schon Ihr Geschäft abschließen oder nicht mehr ans Telefon gehen und einen neuen Auftrag annehmen? Machen Sie sich keine Sorgen! Wenn das Ihrer inneren Einstellung entspricht, dann sind Sie auf dem besten Weg, dass Sie bald nicht mehr gestört werden ...

Hand aufs Herz

- Wie behandeln Sie Ihre Kunden, die kurz vor Feierabend auf Sie zukommen und Ihre Unterstützung benötigen?
- Wovon machen Sie es abhängig, wie intensiv und ernsthaft Sie sich auch zu später Stunde noch um die Anliegen und Wünsche Ihres Kunden kümmern?
- Entscheiden Sie nach Tagesform oder danach, was Sie im Anschluss an Ihren Feierabend vorhaben?

Menschlich sicherlich absolut nachvollziehbar. Aus Kundensicht kann ich allerdings nur hoffen, dass ich einen Tag erwische, an dem Sie nicht schon eine Viertelstunde vor Feierabend innerlich abgeschlossen haben, weil Sie heute etwas Besonderes vorhaben. Ich gönne Ihnen Ihren verdienten Feierabend von Herzen. Gleichzeitig erwarte ich als Kunde selbstverständlich einhundert Prozent Ihrer Aufmerksamkeit und auch Ihres Engagements, solange Sie beruflich für mich erreichbar sind.

Tue Gutes und rede darüber!
Heute reicht es oft nicht mehr, 100 Prozent Leistung zu erbringen, um einen Kunden langfristig an sich zu binden. „Unsere Kunden sind leider viel zu verwöhnt!", ist eine Aussage, die mir immer wieder begegnet. Viele Mitarbeiter erbringen seit Jahren gut gemeint (und dazu regelmäßig) besondere Leistungen über das Vertragliche hinaus für den Kunden „mal eben nebenbei". Sie liefern ihren Kunden Extraleistungen. Es wären ja auch meistens nur selbstverständliche Kleinigkeiten, die nicht viel Zeit kosten – alles wertvolle Kann-Leistungen, die eben nicht selbstverständlich sind. Es liegt in der Natur der Sache, dass diese beschriebenen Kunden natürlich – ob bewusst oder unbewusst – mittlerweile viele nebenbei erbrachten Leistungen als ebenso selbstverständlich wie sie ansehen. Nach dem Motto „Mühsam ernährt sich das Eichhörnchen" lohnt es sich in jedem Fall, auch kleine erbrachte Extraleistungen bewusst zu kommunizieren: „Herr Wieland, weil ich heute ein bisschen Zeit nach hinten habe, habe ich eben für Sie ausnahmsweise ... gleich noch mit überprüft. Dann müssen wir dies das nächste Mal nicht separat machen und Sie sparen die sonst anfallenden Anfahrtskosten."

Qualität ist subjektiv!

Der Kunde misst die Qualität Ihrer Leistung auch unbewusst nach seinem Bauchgefühl. Fühlt er sich besonders behandelt, ist das ein weiteres Puzzleteilchen auf dem Weg zur langfristigen Kundenbindung. Kommunizieren Sie klar, was Ihr Kunde gerade für eine Sonderleistung durch Sie und Ihren Einsatz erhalten hat. Betonen Sie, dass Sie das gerne für Ihren Kunden gemacht haben und machen Sie gleichzeitig deutlich, dass es „heute, hier und jetzt" eine Ausnahme war. Sonst erwartet Ihr Kunde die erbrachte Extraleistung spätestens nach dem zweiten Mal wieder als selbstverständliche Leistung.

Beispiel:
>„Frau Hillmer, weil ich heute ein wenig mehr Zeit mitgebracht habe, habe ich ausnahmsweise die Gelegenheit gleich genutzt und ... für Sie mit erledigt!"

So fühlt sich der Kunde individuell verwöhnt und wertgeschätzt und es ist gleichzeitig deutlich, dass es sich um eine Ausnahmesituation und besondere Extraleistung von Ihnen heute handelt!
Gehen Sie einfach einmal gedanklich die vergangene Woche durch und überlegen Sie, wo Sie Leistungen erbracht haben, die über das rein Vertragliche hinausgehen ... Haben Sie darüber ein Wort verloren?
Wenn ja: Schön, dann ist der Mehrwert garantiert auch für den Kunden erkennbar und wird somit auf Ihrem „Haben-Konto" beim Kunden als Positiv-Erlebnis verbucht.
Wenn nein: Schade um Ihren Mehreinsatz und die Wertschätzung Ihres Kunden. Wahrscheinlich ist ihm gar nicht bewusst, dass Sie sich ihm zuliebe besonders engagiert haben, das heißt in der Konsequenz, dass er alle erhaltenen Leistungen als normal/üblich für sich verbuchen wird. „Ist halt alles wie immer nichts Besonderes."
Die Kunst, sich vom oft engen Wettbewerb abzuheben, besteht darin, besonders aufmerksam zu sein und auch kleine Gelegenheiten zu nutzen, um den Kunden positiv durch unerwartete Extraleistungen zu überraschen. Servieren Sie Ihrem Kunden auf diese Weise einen echten „Servicebonbon"! Durch den überraschenden Moment, dass Ihr Kunde „einfach so" in irgendeiner Form durch Sie einen Mehrwert erhält (z.B. beson-

dere Beratung, Transportservice zum Pkw ...) schaffen Sie einen „Wow!-Effekt", der Eindruck hinterlässt.

In Kontakt bleiben – Phase 3 des Kundenbeziehungszyklus

> *Wichtige Soft Skills*
> Welche Soft Skills sind in dieser Phase von besonderer Bedeutung?
> - Fingerspitzengefühl
> - Kritikfähigkeit
> - Zielorientierung
> - Umsetzungskompetenz
> - Durchhaltevermögen

Einen nachhaltigen Eindruck hinterlassen

Der letzte Eindruck bleibt! Bei der Verabschiedung eines Kunden zeigt sich oft, wer wirklich Topleistungen im professionellen Umgang mit dem Kunden liefert. In meinem Alltag als privater Kunde erlebe ich hier immer wieder alles, von „Wow!" bis „Pfui", von Championsleague bis Kreisklasse – alles ist dabei. Wovon ich rede? Sie haben das leider wahrscheinlich auch schon einmal irgendwo selbst erlebt. Kaum haben Sie zu einem Angebot „Ja" gesagt (Ende der zweiten Phase des Kundenbeziehungszyklus), wird die letzte Phase des Kundenbeziehungszyklus oft missverständlich als reiner Akt der Verabschiedung gesehen: „Danke, Wiedersehen!" ... Wohl eher nicht. Das Wort Zyklus stellt jedoch ganz deutlich heraus:

> „Nach dem Kundengespräch ist vor dem Kundengespräch!"

Das Ende des einen ist gleichzeitig Anknüpfungspunkt und Anfang des nächsten Kundenkontakts mit demselben Kunden. Diese Haltung macht deutlich: Je nachdem wie Sie auseinander gehen, wird sich Ihre Kundenbeziehung weiter vertiefen und

eine nachhaltige Kundenbindung entstehen, oder es bleibt bei einem einmaligen Kundenkontakt.
Es kommt darauf an, nicht einfach auseinander zu gehen, sondern verbindlich zu sein und Lust und Aussicht auf mehr zu machen. Machen Sie sich attraktiv! Geben Sie einen Ausblick und schüren Sie die Lust, wieder vorbei zu schauen oder anzurufen. Holen Sie sich gegebenenfalls die Erlaubnis, selbst aktiv zu werden und den Kunden über Aktuelles und für ihn Interessantes zu informieren.
Die letzte Phase beschreibt das Ziel, den erlebten Kundenkontakt zu nutzen, um den Kunden langfristig an sich zu binden. Konkret bedeutet das: Ihre Aufgabe besteht im Kern darin, dem Kunden gegenüber deutlich zu machen, wie wichtig er Ihnen ist und dass Sie (weiterhin) alles daran setzen werden, seine Wünsche und Bedürfnisse zu erfüllen bzw. sie sogar an manchen Stellen zu übertreffen. Sie sind die richtige Adresse für ihn. Sie haben immer ein offenes Ohr für ihn und seine Anliegen, auch und gerade, wenn Sie heute Kritik oder sogar ein klares „Nein" bekommen haben. Persönliche Eitelkeiten oder Trotz haben hier nichts verloren.

Was machen Sie? Was sagen Sie?

Im Erfolgsfall, also wenn Sie das „Ja" des Kunden bereits erhalten haben und wenn Sie zueinander gekommen sind:

1. Seien Sie dankbar für das Vertrauen des Kunden in Sie bzw. das Produkt oder die Dienstleistung und sprechen Sie das (unter Verwendung des Kundennamens natürlich) auch aus! **„Danke für Ihr Vertrauen!"**

2. Zelebrieren Sie die Entscheidung Ihres Kunden, ohne zu dick aufzutragen. Packen Sie Waren entsprechend vorsichtig ein oder übergeben Sie einen Vertrag ebenso werthaltig. Die wertvollste Ware wird entzaubert, wenn die Verpackung am Ende nicht stimmt!

Beispiel:
Einer meiner Kunden berichtete mir von seinem Kauferlebnis der besonderen Art: Auf der Suche nach einem Geschenk für seine Frau zum zehnten Hochzeitstag betrat Herr Vollmer ein Juweliergeschäft. Zuvor hatte seine Frau ihm schon den „geheimen Tipp" gegeben, dass sie sich über eine Perlenkette freuen würde. Als Herr Vollmer nun das Juweliergeschäft betrat, wurde er freundlich von einer Verkäuferin angesprochen. Kurz darauf präsentierte diese Herrn Vollmer nun zwei verschiedene Perlenketten auf einer Samtvorlage. Nachdem sich Herr Vollmer für ein Modell näher interessierte, bat die Verkäuferin eine ausgewählte Kollegin, sich diese Kette einmal umzuhängen, damit Herr Vollmer sich eine genauere Vorstellung davon machen konnte. Elegant drehte sich die Kollegin vor ihrem Kunden ein bisschen hin und her und bezog den schönen Anlass des zehnten Hochzeitstages geschickt mit ein. Herr Vollmer war begeistert und entschied sich schließlich für die teurere Perlenkette. Eine gute Entscheidung – sie war es ihm wert und er fühlte sich gut aufgehoben. Bis dahin stimmte alles für ihn. Kaum hatte er seine Kaufentscheidung ausgesprochen: „Ich nehme die Kette!", wurde sein bis dahin schönes Kauferlebnis zum schnöden Kaufergebnis ... Die Verkäuferin nahm die Kette schnell vom Hals ihrer Kollegin, legte sie achtlos auf den Glasverkaufstresen an der Kasse und sagte: „Ich bekomme € 1.250,00 von Ihnen!" Sie hätte auch sagen können: „Einmal zahlen, bitte!" Der ganze Zauber war verflogen und die schöne Stimmung dahin. Herr Vollmer fühlte sich abgefertigt und die Kette schien ihm den Preis plötzlich nicht mehr wert zu sein. So lieblos wie sie da lag, sah man den Wert ja gar nicht!

Was bedeutet das nun in der Konsequenz? Sie können in Phase 1 und 2 des Kundenbeziehungszyklus alles richtig machen und den Kunden für sich begeistern. Es bleibt vergebene Liebesmüh und ist äußerst unprofessionell dazu, wenn Sie beim Abschluss nachlassen, nach dem Motto „Der Kunde hat ja bereits „Ja" gesagt". Gerade in der dritten Phase aber kommt es darauf an, mit derselben Wertschätzung und Achtsamkeit bis zum Schluss vorzugehen: Der letzte Eindruck bleibt hängen! Überprüfen Sie sich selbst. Ihre Art und Weise des Abschlusses im Kundenkontakt ist auch immer ein Ausdruck Ihrer eigenen Haltung.

1. Bestätigen Sie den Kunden noch einmal in seiner guten (Kauf)Entscheidung und bestärken Sie sein gutes Gefühl, bei Ihnen in den besten Händen zu sein.
2. Machen Sie ihn neugierig auf das, was kommt!
3. Falls Sie nicht zueinander kommen: Bleiben Sie offen! Drücken Sie Ihr Bedauern aus und richten Sie den Blick auf die Zukunft.

Was heute ein „Nein" ist, kann morgen schon ein „Ja!" werden!

Bereits in der Phase der Verabschiedung ist es wichtig, Verbindlichkeit herzustellen („Ich bin jederzeit für Sie da!"), einen Ausblick zu geben („Wie geht es weiter?") oder nach einem Kundengespräch nachzuhaken („Mir ist wichtig, dass Sie zufrieden mit uns sind. Ihre Meinung ist mir wichtig. Welche Erfahrungen haben Sie mit ... gemacht? Was war gut? Was können wir besser machen?").

„Antennen an!"
Tun Sie aktiv etwas für die Beziehung zu Ihrem Kunden. Sagen Sie Ihrem Kunden (in unterschiedlichster Form) bei jeder passenden Gelegenheit, die sich Ihnen bietet, wie wichtig er Ihnen ist!
Achtung: Ich höre schon die Einwände mancher Mitarbeiter: „Übertriebene Bauchpinseleien und Geschleime" sind die platten Formulierungen, die an dieser Stelle sicherlich von dem einen oder anderen kommen. Dabei kommt es auf die richtige Form an. Bitte keine Übertreibungen – zu häufige Lobeshymnen wirken genauso übertrieben wie zu laute und überschwängliche Schmeicheleien. Ich spreche von ernstgemeinter Wertschätzung Ihrem Kunden gegenüber.

Beispiel:
„Frau Gerke, mir ist wichtig, dass Sie mit uns zufrieden sind. Sie können sicher sein, dass ich mit größter Sorgfalt an Ihrem ... arbeite."

Nutzen Sie die bereits beim vorherigen Kontakt erhaltenen Informationen. Dokumentieren und archivieren Sie diese so, dass sie sowohl für Sie als auch im Vertretungsfall für einen Kollegen zugänglich und somit nutzbar sind. Ein guter Verkäufer nutzt zum Beispiel Karteikarten, auf denen er sich alle erhaltenen Informationen zur Sache und zur Person vermerkt, um beim nächsten Gespräch direkt dort anknüpfen zu können.

Vorbereitung auf den nächsten Kundenkontakt

Zusammenfassend spricht es immer für professionelles Verhalten, wenn Sie sich möglichst *vor jedem* (!) neuen Kundenkontakt kurz ganz bewusst Zeit nehmen, um sich auf den nächsten Kunden vorzubereiten. Das gilt für neue Kundensituationen genauso wie für die vertraute Situation mit Ihren Stammkunden. Wo immer Sie die Möglichkeit haben, nehmen Sie sich die Zeit. Zehn Minuten bewusste Vorbereitung schärft Ihre Konzentration und Achtsamkeit (Worum geht es heute, hier und jetzt?) und sind eine Investition in die wichtige Kundenbeziehung, die sich allemal auszahlt.

Beispiel:
> Sind Sie gut über den aktuellen Stand der Dinge informiert, lässt das darauf schließen, dass Sie den Kunden mit all seinen Wünschen, Bedarfen und Anliegen ernstnehmen.
> Haben Sie sich Gedanken gemacht, was wohl der Kunde von Ihnen in Ihrer Rolle „heute, hier und jetzt" erwartet, so gehen Sie deutlich gezielter und für den Kunden spürbar professioneller vor.

Selbstverständlich gibt es auch zahlreiche Kundengespräche, auf die ich mich nicht vorbereiten kann aus den unterschiedlichsten Gründen. Ich bin jedoch fest der Überzeugung, dass sich die meisten von uns noch deutlich besser bzw. bewusster auf die jeweils nächste Kundensituation in unserem Alltagswahnsinn vorbereiten könnten.

Hand aufs Herz
Wie sieht es bei Ihnen aus? Sind Sie immer optimal vorbereitet? Zumindest immer, wenn Sie die Möglichkeit dazu haben?

„Antennen an!"
Bereiten Sie sich vor, wo immer Sie es einbauen können. Das heißt: sich sowohl auf den aktuellsten Stand zu bringen, was Informationen angeht, als auch ganz bewusst kurz durchzuatmen und sich noch einmal zu sammeln.

„Mein nächster Kunde ist „heute, hier und jetzt" der Wichtigste für mich!"

Das Goldmedaillen-Prinzip

Jede Medaille hat mindestens zwei Seiten. Sich einen sehr guten Ruf erarbeitet zu haben, ist Fluch und Segen zugleich. Das Positive daran ist: Die oft jahrelange, harte Arbeit auf unterschiedlichsten Ebenen zahlt sich eines Tages aus. Sie erhalten einen Vertrauensvorschuss. Die andere Seite ist: Die Messlatte liegt hoch, sehr hoch. Sie kennen das aus unterschiedlichsten Lebensbereichen. Jahrelang hat ein Sportler hinter den Kulissen, weit ab von Medien und Scheinwerferlicht in einsamen Stadien trainiert. Nachdem er schließlich in seiner Disziplin Weltrekorde erlangt und bei den Olympischen Spielen wiederholt die Goldmedaille errungen hat, blickt alle Welt auf ihn. Ein besonderer Erfolg, der einem hundertprozentige, positive Aufmerksamkeit und damit verbunden einen gewissen Erfolg (z.B. lukrative Werbeverträge) sichert. Gleichzeitig sind die Erwartungen der Anderen so hoch, dass selbst das Erreichen der Silbermedaille, also des zweitbesten Ergebnisses weltweit, nicht für Begeisterungsstürme und Jubel, sondern sogar für echte Enttäuschung sorgt.

Übertragen auf Ihre Kundensituationen bedeutet das: Haben Sie es nach jahrelangen, harten Bemühungen endlich geschafft und sind womöglich in Ihrer Branche Leistungsführer oder gar

Weltmarktführer geworden, so werden Sie selbstverständlich jeden Tag immer wieder an den Besten gemessen. Landen Sie im direkten Vergleich aus Sicht des Kunden lediglich auf dem zweiten Platz, so müssen Sie sich möglicherweise für ein insgesamt noch sehr gutes Ergebnis stark rechtfertigen. Das kann ganz schön demotivierend sein.

Tipp:
Schaffen Sie immer kreativ neue bzw. andere Anreize, die nicht im erwarteten Zusammenhang mit dem bisherigen exzellenten Leistungsangebot stehen. Ohne Frage erfordert das immer wieder besondere Aufmerksamkeit und ein hohes Engagement.

Servieren Sie Ihrem Kunden immer wieder kleine, neue Servicebonbons (dazu später mehr), um ihn besonders emotional zu erreichen.

Begeisterung – Der Wow!-Effekt

Wow! Echte Begeisterung bei sich und anderen erzeugen, wie mache ich das? Um Neukunden zu gewinnen und eine langfristige Kundenbindung zu erzielen, ist das Erzeugen von Begeisterung eine wichtige Schlüsselkompetenz der Zukunft. Kundenzufriedenheit und Mittelmaß reichen heute nicht mehr, um sich langfristig am Markt zu behaupten.

> Der Unterschied wird heute im Service, also durch bzw. zwischen den Menschen gemacht.

Was macht also den kleinen, aber feinen Unterschied aus, um die nötige Nasenlänge Vorsprung im Wettbewerb zu haben? Nur ein ständiges, ehrliches Bemühen um den Kunden und seine Wünsche und Erwartungen bieten die Chance, dauerhaft Kundenloyalität zu erzeugen. Das setzt im ersten Schritt regelmäßigen, direkten Kontakt zum Kunden voraus. Aktives Zugehen auf den Kunden und gezielt nach seiner Zufriedenheit zu fragen, ist die Grundlage, ohne die Begeisterung gar nicht erst entstehen kann. Das bedeutet in der Konsequenz, dass eine zuverlässige 100-prozentige Leistungserfüllung vom Kunden als

selbstverständlich vorausgesetzt wird (Muss-Leistung = reine Pflichterfüllung).
Wenn Sie in ein Lebensmittelgeschäft gehen, erwarten Sie selbstverständlich, dass es dort sauber und aufgeräumt ist, dass die Verkäufer freundlich sind und dass Sie dort von Butter über Getränke alle notwendigen Einkäufe erledigen können. Das ist für Sie selbstverständlich, dadurch entsteht noch lange keine Begeisterung, zumal Sie für die Ware oder Leistung auch Ihr gut verdientes Geld hingeben. Was muss also passieren, um wirklich begeistert zu sein?

Vom Kundenergebnis zum Kundenerlebnis

Um Kunden emotional positiv zu überraschen und somit langfristig für Sie zu gewinnen, sind heute mehr denn je besondere Leistungen erforderlich. Ich rede nicht von großzügigen Präsenten – das Geld hat heute niemand mehr einfach so zur Verfügung und der Anreiz des Neuen ginge mit Sicherheit auch hier schnell verloren. Es geht mir vielmehr darum, den Kunden im Rahmen seiner Möglichkeiten durch besondere Erlebnisse im Kontakt mit Ihnen nachhaltig zu beeindrucken. Im Ergebnis schaffen Sie einen Mehrwert, teilweise rein emotional. Das Gefühl, etwas Besonderes einfach so erhalten zu haben oder über das normale Maß (Standardmaß) hinaus beraten oder betreut worden zu sein, bleibt in Erinnerung und wirkt nachhaltig. Es stärkt Ihre Beziehung zum Kunden und trägt so langfristig zur Kundenbindung bei. Jede ernstgemeinte Anstrengung lohnt sich: Seien Sie kreativ!

> Überraschen Sie Ihre Kunden, schaffen Sie positive Aha-Effekte – über die vertraglichen Leistungen hinaus!

Manchmal reichen hier schon Kleinigkeiten, um sich positiv vom Wettbewerb abzuheben. Das kann schon das unaufgeforderte Helfen beim Tragen einer Ware sein, genauso wie aufmerksame, zusätzliche Hinweise oder Beratung in einer Fach-Hotline, die für Sie in einem anderen Zusammenhang auch wichtig sind. Das kann sogar das in der Regel unübliche Impro-

visieren bei der Herbeiführung einer Lösung sein, wenn im Fokus eine schnelle Lösung gefunden werden muss – egal wie. Denken Sie selbst einmal daran, wie sehr Sie sich schon einmal über eine kleine Aufmerksamkeit gefreut haben, sofern sie für Sie vollkommen unerwartet und überraschend gekommen ist – Wertschätzung pur, wer mag das nicht?!
Der „Wow-Effekt!" funktioniert natürlich auch in beide Richtungen, positiv wie negativ. Erreichen Sie den Kunden emotional, so bleibt immer etwas hängen! Tragisch, wenn ein Kunde zutiefst enttäuscht wird und sich nicht verstanden fühlt.

Beispiel:
> Von einer seit einiger Zeit groß ausgehängten Werbe-Aktion in einem Supermarkt besonders angesprochen, hat mich mein Sohn schließlich überredet, ein bestimmtes Produkt zu kaufen, um daran geknüpft bestimmte Sticker zu erhalten – was tut man nicht alles als Mutter. Obwohl ich keinen persönlichen Bedarf verspürt habe, stand ich also mit meinem Sohn und diesem Produkt an der Kasse. Nachdem ich bezahlt hatte, fragte mein Sohn ganz erwartungsvoll: „Und wo bekomme ich die Sticker?".(Zur Erinnerung, deswegen waren wir ja überhaupt da!) Ohne auch nur aufzugucken erhielten wir die Antwort kurz und knackig: „Die Aktion ist nicht mehr aktuell!". Das war alles. Groß aufgemacht als Kaufanreiz hingen die Werbeschilder noch im Geschäft, aber die Aktion gab es längst nicht mehr. Die maßlose Enttäuschung meines jüngsten Sohnes war weder zu übersehen noch zu überhören – eine letzte Gelegenheit, das Blatt noch zu wenden, in irgendeiner Form auf die pure Verzweiflung meines Sohnes einzugehen. Aber eine Entschuldigung oder in irgendeiner Form wenigstens eine kleine Prise Verständnis gleich null. „Der Nächste, bitte!" – Wow!

Uns muss klar sein: Wir können nicht jeden Tag und jedem Kunden Extraleistungen „on Top" bieten, das wäre erstens unrealistisch und unwirtschaftlich, was den (Zeit-)Aufwand angeht, und zweitens wäre auch hier der positive Überraschungseffekt bald abgenutzt, also wirkungslos. Wichtig ist, Gelegenheiten zu erkennen und Chancen zu nutzen.

Das Kundenerlebnis Servicebonbon

Betrachten Sie den Kundenbeziehungszyklus, so bieten sich viele Gelegenheiten und Chancen, um Ihren Kunden „Servicebonbons" zu servieren. Wann Sie in welcher Phase bei wem welchen Servicebonbon überbringen, hängt von der jeweiligen Situation ab.

Was ist nun ein „Servicebonbon?" Ein Servicebonbon beschreibt die Leistung, die Ihr Kunde als besonders erlebt.

Kriterien für einen echten Servicebonbon

- Überraschend, unerwartet, unaufgefordert
- Über die Vertragsleistung hinaus
- Individuell, persönlich
- Werthaltig (materiell und/oder emotional)

Dieser unerwartete Mehrwert wird als positiver Aha-Effekt erlebt und bleibt so dauerhaft in Erinnerung: „Das war vielleicht eine Überraschung!" Achtsamkeit und ein gesundes Bauchgefühl unterstützen Sie darin, Chancen zu erkennen und Anlässe zu nutzen, um Ihren Kunden einen Servicebonbon zu überreichen und auf diese Weise einen echten „Wow-Effekt" bei Ihren Kunden zu erzielen.

Ein positives Beispiel ...

... eines Lebenmittelmarktes in Wrist, der einen sehr guten Ruf genießt.
Der Marktleiter ist stets präsent und das Personal ist hier durchweg sehr aufmerksam, hilfsbereit und freundlich. Vergangenen Sommer benötigte ich alkoholfreies Bier. In der Getränkeabteilung werde ich direkt von einem jungen Angestellten angesprochen, inwieweit er mir behilflich sein kann. Ich sage: „Danke, ich suche nur Jever alkoholfrei für einen Freund, der heute Abend kommt, das finde ich bestimmt gleich." Der junge Verkäufer meinte, es wäre ja nicht nötig, mich erst suchen zu lassen. Er zeigte mir direkt, wo das von mir gesuchte Bier normalerweise steht, leider war das Regal leer. „Huch, da steht normalerweise immer das alkoholfreie Bier. So geht es ja nicht. Da gehe ich einmal schnell für

Sie ins Lager und hole Ihnen von dort das Bier nach vorne. Bleiben Sie schön hier stehen, ich bin gleich wieder für Sie da – versprochen!" Mit diesen Worten eilte der junge Mann zum Lagerraum. Während ich kurz wartete, wurde ich von einem zweiten Mitarbeiter angesprochen, der mir ebenfalls seine Hilfe anbot. Trotz meiner dankenden Ablehnung verschwand auch dieser Kollege im Lagerraum und beide Mitarbeiter stapelten für mich hörbar offensichtlich schwere Kisten hin und her.

Ich merkte, dass sie wirklich alles versuchten und entschied mich, einfach ein anderes alkoholfreies Bier zu nehmen. Damit die beiden Mitarbeiter nicht weiter umsonst suchten, rief ich ihnen meine Entscheidung zu. Sofort kam einer der beiden zu mir nach vorne und sagte vollkommen entsetzt: „Wenn *Ihr* Freund heute Abend zu Ihnen kommt und er immer Jever alkoholfrei trinkt, dann können *wir* ihm auf gar keinen Fall einfach irgendein anderes Bier servieren." Ich war gerührt, wie engagiert sich mittlerweile zwei Verkäufer für mich und meine Wünsche einsetzten, ja, wie sie mein Anliegen zu ihrem machten – und das, obwohl ich keine bekannte Stammkundin war. Ich fühlte mich absolut abgeholt und ernst genommen. Ich stand im Mittelpunkt und war der einzige Kunde im Laden – so hat es sich zumindest angefühlt, einfach toll!

Mit meinem Einwand: „Ein guter Freund muss das aushalten. Geschmack hin oder her, Hauptsache alkoholfrei!" wollte sich der Mitarbeiter noch nicht zufrieden geben. „Wir haben noch eine Möglichkeit, auch wenn unser Jever alkoholfrei heute leider nicht mehr vorrätig ist – den Telefonjoker! Wir rufen Ihren Freund einfach an und fragen ihn direkt nach einer Alternative, die er sich vorstellen kann!". Ein toller Vorschlag, unkonventionell und praktisch. Leider hatte ich die Telefonnummer nicht parat. Unabhängig davon, ich war einfach „hin und weg" von dem Engagement, sich so mit meinem Anliegen zu identifizieren, fast, als wäre es ihre und nicht meine Einladung. Tief geknickt standen nun beide Kollegen vor mir und waren wirklich enttäuscht, dass sie meine ursprünglichen Erwartungen nicht erfüllen konnten. Aber es gab gar keinen Grund geknickt zu sein, denn sie hatten auf eine ganz andere Art und Weise durch ihren 100-prozentigen, engagierten Einsatz und ihre kreativen Ideen meine Erwartungen erfüllt bzw. sogar übertroffen.

Das Spannende an dieser Geschichte ist, dass ich wirklich begeistert aus diesem Laden ging, obwohl ich die ursprünglich von mir gewünschte Ware nicht einmal erhalten hatte! Die beiden Mitarbeiter haben wirklich alles in ihrer Macht Stehende für mich versucht und darüber hinaus Anteil genommen. Sie haben mir das Gefühl vermittelt, dass ich der wichtigste Kunde mit dem dringendsten Anliegen bin. 100-prozentige Aufmerksamkeit und absoluter Einsatz, das konnte ich auf der Suche nach einem einfachen, alkoholfreien Bier (geringer zu erwartender Umsatz) in der Form nicht erwarten. Die Verkäufer haben mich positiv überrascht und durch ihr Engagement mit Herzblut einen starken, nachhaltigen Eindruck hinterlassen.

Konsequenz: Seitdem bin ich dort Stammkundin, obwohl dieser Lebensmittelmarkt nicht der nächste an meinem Wohnort ist. Dazu kommt, dass ich diesen Lebensmittelmarkt gerne weiter empfehle, immer wieder und überall, in meinem privaten Umfeld wie auch in meinen Trainings. Die beste Grundlage für weitere erfolgreiche Kundenbeziehungen.

Es geht leider auch anders.

Ein negatives Beispiel:

Ein kleiner Lebensmittelmarkt auf dem Land. Inwieweit die Mitarbeiter dort „ihre Lebensmittel wirklich lieben" ist fraglich. Erschreckend finde ich, dass mich dort fast nie jemand begrüßt, geschweige denn bewusst wahrnimmt, sobald ich diesen kleinen Laden betrete, und das auf dem Dorf! In diesem Lebensmittelmarkt ist der Chef nur ganz selten präsent und die meisten Mitarbeiter eher mit sich als mit der Ware oder dem Kunden beschäftigt. Ich kaufe meine Waren ein, bezahle und gehe wieder aus dem Laden. Wahrlich kein Kauferlebnis! Fakt ist, dass ich hier die von mir gewünschte Ware erhalten habe, aber mich verbindet einfach nichts mit diesem Laden. Niemand hat sich um mich bemüht oder mich wenigstens gegrüßt, alles ist unverbindlich. Ob ich dort eingekauft und mein sauer verdientes Geld an der Kasse gelassen habe oder nicht, scheint niemanden zu interessieren geschweige denn wertzuschätzen. Weder die Mitarbeiter noch der Marktleiter scheinen Notiz von mir zu nehmen.

Raten Sie einmal, zu welchem Markt ich seitdem regelmäßig einkaufen fahre ...

Hand aufs Herz

- Was habe ich schon für Kunden von mir über das Vertragliche hinaus geleistet?
- Überrasche ich Kunden (bei passender Gelegenheit) ganz bewusst positiv?
- Wann habe ich das letzte Mal einem meiner Kunden einen echten Servicebonbon zukommen lassen und mich auf diese Weise für sein Vertrauen bedankt?
- Welche Möglichkeiten innerhalb meines Spielrahmens nutze ich regelmäßig?
- Wodurch begeistere ich meine Kunden?
- Achten Sie bewusst auf Chancen und Gelegenheiten, die sich anbieten?

„Antennen an!"

1. Hören Sie Ihrem Kunden zu und nehmen Sie seine Erwartungen, Wünsche und Bedürfnisse ernst! Halten Sie regelmäßig direkten Kontakt zu Ihrem Kunden und pflegen Sie die Beziehungsebene. Nur so kann sich eine gute Beziehung als Grundlage für eine langfristige Kundenbindung entwickeln und nur so können Sie wissen, worauf Ihr Kunde Wert legt.

2. Seien Sie mutig, zeigen Sie Rückgrat! Fragen Sie gezielt nach: „Was schätzen Sie an uns? Was können wir besser machen?" Auf diese Weise erhalten Sie konkrete, wertvolle Rückmeldungen, wo Sie bereits überzeugen und wo Sie eventuell nachbessern müssen. Positiver Nebeneffekt: Der Kunde fungiert als kostenloser Unternehmensberater.

3. Vorausdenken! Handeln Sie proaktiv. Gehen Sie auf die Kunden zu. Ihr unaufgefordertes, engagiertes Verhalten und auf den jeweiligen Bedarf zugeschnittene, konkrete Vorschläge (z.B. Präventionsmaßnahmen) zeigen, dass Sie sich

Gedanken gemacht haben. Nutzen Sie jede Gelegenheit, die sich bietet, um Ihre Kunden zu begeistern, auch über die Vertragsleistung hinaus. Kleinigkeiten können hier Großes bewirken.
4. „Antennen an!": Seien Sie achtsam und schaffen Sie „Aha-Effekte"!! Spüren Sie Gelegenheiten auf, um den Kunden positiv zu überraschen! Mitdenken! Auch eine Reklamation kann ein Anlass sein, sich durch eine kleine Aufmerksamkeit bei Ihrem Kunden für seine wertvolle, ehrliche Rückmeldung zu bedanken.

Nachhaltigkeit

Das Wort Nachhaltigkeit beschreibt bereits, dass es um einen Prozess geht. Nachhaltigkeit entsteht nicht über Nacht, sondern entwickelt sich. Ihr Kunde soll Ihnen vertrauen und sich möglichst langfristig an Sie binden. Seine Kundenzufriedenheit soll über einen langen Zeitraum nachhalten.

> Wer Nachhaltigkeit erwartet und fordert, der muss investieren.

Eine Investition oftmals in Geld und Zeit zugleich. Neben der finanziellen Investition in zum Beispiel qualifiziertes, erfahrenes Personal oder individuelle Weiterbildungsmaßnahmen gibt es auch den zeitlichen Aspekt.
Als Trainerin begleitet mich der Begriff Nachhaltigkeit seit Jahren. In Gesprächen mit möglichen Auftraggebern stelle ich immer wieder fest, dass auf der einen Seite Nachhaltigkeit gefordert wird und auf der anderen Seite die Rahmenbedingungen dafür fehlen, oder nicht in die dafür notwendige Zeit investiert werden soll oder kann.

Beispiel: Investition in die Mitarbeiter vs. Budget
Ein aufstrebendes, schnell wachsendes Unternehmen möchte seine Mitarbeiter im Bereich Service schulen und kommuniziert klar den Anspruch, in seinem Bereich Leistungsführer, also die unangefochtene Nr. 1 zu werden. Das Personal ist fachlich top geschult und seit Jahren für dieses Unternehmen tätig. Im Bereich der Kommunikation verfügen sie jedoch über sehr wenig Vorerfah-

rung! Die Mitarbeiter arbeiten in einem speziellen Markt mit hohen Anforderungen und handeln dem Kunden gegenüber bisher rein nach Bauchgefühl. Es gibt weder Standards noch Regeln. Positiv formuliert bedeutet das, im kommunikativen Bereich des Unternehmens gibt es noch sehr viel Potential.
Mit dem Anspruch auf hohe Professionalität geben die Geschäftsführung und der Leiter des entsprechenden Bereiches ein paar Eckdaten für die Entwicklung des Trainingskonzeptes klar vor: Kleine Gruppen mit max. sechs Teilnehmern und keine punktuelle Veranstaltung, sondern ein sorgfältig aufgesetztes Trainingskonzept, in dem die Teilnehmer aktiv eingebunden sind.
Eine Woche später habe ich ein auf den individuellen Bedarf ausgerichtetes Trainingskonzept entwickelt und präsentiere es bei einem weiteren Gesprächstermin. Der Auftraggeber ist entsetzt über die notwendigen Investitionen, die auf ihn zukommen (Tageshonorar, Arbeitsausfall, Nebenkosten – da kommt natürlich eine Summe zusammen) und fordert eine Alternativlösung. Statt der ursprünglich fünf geplanten Tage pro Mitarbeiter sollen nun höchstens zwei Schulungstage genehmigt werden. Die Gruppengröße in den Trainings wird gleichzeitig von ursprünglich 10 auf ca. 16 Teilnehmer angehoben, um auch hier Kosten einzusparen. Im gleichen Atemzug betont der Geschäftsführer noch einmal, dass er eine hohe Nachhaltigkeit dieser Maßnahme erwartet. Das passt nicht zusammen.

> Der Erfolg von Nachhaltigkeit lebt vor allem davon, dass das gute Bauchgefühl des Kunden an jeder Ecke Ihres Unternehmens angesprochen wird.

Das bedeutet: Nur der erreicht heute eine nachhaltige Kundenbegeisterung, der es versteht, den Kunden emotional zu erreichen, ihn in irgendeiner Form zu erfreuen. Das Gesamterlebnis, auch im Hinblick auf Kontakte in unterschiedlichen Abteilungen, muss überzeugen. Wertschätzender Umgang, gut informierte, kompetente Mitarbeiter und klare Strukturen tragen dazu bei. Die Kunst besteht darin, positive, emotionale Momente zu schaffen, die der Kunde als besonders (positiv) erlebt. Das erfordert langfristig gut geplante Investitionen in jedem Bereich des jeweiligen Unternehmens. Das positive Kundenerlebnis sollte bis zur Kasse bzw. dem Moment, an dem Sie auseinander gehen, überall denselben positiven Eindruck widerspiegeln. Im Eingangsbereich oder bei der telefonischen Begrüßung, in unterschiedlichen Abteilungen oder bei verschiedenen Mitarbeitern. Eine motivierte, fröhliche Putzfee kann selbst bei dem Gang zur Toilette in einem Kaufhaus zu einem nachhaltigen, positiven Erlebnis beitragen.

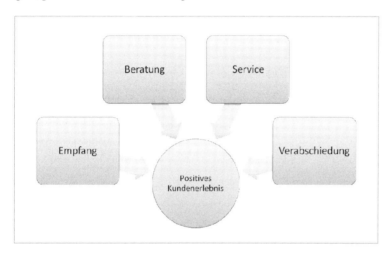

Denken Sie daran, der Erfolg des Unternehmens ist nur so gut wie das schwächste Glied der Kette! Binden Sie *jeden* Mitarbeiter in Aktionen zur Kundenbegeisterung ein. Jeder ist ein wertvoller Teil des großen Ganzen und trägt gleichermaßen zum positiven Kundenerlebnis bei.

Bedeutung von Mundpropaganda

Kunden, die zufrieden sind, sind in der Regel treu – mal mehr, mal weniger. Die Zusammenarbeit zwischen dem Kunden und Ihnen ist klar definiert: Der Kunde zahlt und erhält dafür eine (Dienst)Leistung. Solange das so klappt, läuft alles. In der heutigen Situation eines oft engen Wettbewerbs reicht das jedoch nicht aus. Zufriedene Kunden empfinden Ihr Leistungsangebot oft als selbstverständlich, schließlich zahlen sie ja auch dafür. Das bedeutet in der Konsequenz, dass grundsätzlich positive

Kundenerlebnisse nicht weiter erwähnt werden. Warum auch? Läuft allerdings einmal etwas schief, so sieht die Lage gleich anders aus. Wirklich empfundene Enttäuschung oder anhaltender Ärger sind ein ewiger Nährboden, um seiner Enttäuschung bei jeder Gelegenheit Ausdruck zu verleihen. Negative Kundensituationen werden auch Jahre später noch gerne erzählt!
Das sollte Ansporn genug sein, der Sache eine andere Richtung zu geben:

> Aus Kundenzufriedenheit muss Kundenbegeisterung werden!

Schaffen Sie es, Ihre Kunden (immer wieder) positiv zu überraschen, so ist der Boden für die Nachhaltigkeit an einer Stelle bereits von Ihnen geebnet: die Weiterempfehlung! Begeisterte Kunden erzählen gerne weiter, was sie Positives bei Ihnen erlebt haben.

Perspektivenwechsel:
Wonach wählen Sie aus, wenn Sie den Anbieter eines für Sie interessanten Angebotes nicht kennen?
Kontaktieren Sie irgendein beliebiges Unternehmen oder wenden Sie sich an das Unternehmen, das bereits einen guten Ruf genießt und Ihnen von einer Person, der Sie vertrauen und die Sie schätzen, weiterempfohlen wurde?

Begeisterte Kunden, die Sie in irgendeiner Form emotional erreicht haben, sind die beste Weiterempfehlung. Diese Kunden fühlen sich durch positive (Kauf)Erlebnisse mit Ihnen verbunden und unterstützen Sie (bewusst und unbewusst) dadurch, dass sie Sie oder Ihr Leistungsangebot gerne und überall loben und als besonders hervorheben. Ein sicheres Zeichen dafür, dass Sie etwas richtig gemacht haben. Sie haben den betreffenden Kunden in irgendeiner Weise individuell erreicht, so dass er sich bei Ihnen besonders angesprochen und aufgehoben fühlt. Kompliment!

Die Vorbildfunktion von Führungskräften

Kunden nachhaltig zu begeistern ist ein Anspruch, der intern wie extern gelten sollte. Als Führungskraft unterstützen Sie die Umsetzung des Themas „Kundenbegeisterung durch Nachhaltigkeit" in die Praxis besonders effektiv durch folgende Punkte:

- Gemeinsam Bilder und Begrifflichkeiten (wie zum Beispiel einen Servicebonbon) schaffen, die für Kundenbegeisterung in Ihrem Unternehmen stehen sollen, mit denen sich jeder Mitarbeiter des Unternehmens identifizieren kann. Diese können dann als Symbol vielseitig genutzt und eingesetzt werden (z.B. individuelle Firmen-Servicebonbons) – abteilungsübergreifend, über alle Hierarchie-Ebenen und standortübergreifend.

- Raum für einen regelmäßigen Erfahrungsaustausch (Berichte aus der Praxis) Ihrer Mitarbeiter und Führungskräfte bieten und fest einplanen

- Integration von wesentlichen Erkenntnissen in monatlichen Meetings

- Anhand von Beiträgen in Newslettern oder internen Firmenzeitschriften über aktuelle, positive Beispiele von Servicebonbons berichten

- Aktuelle Infos im Intranet bereitstellen

- Immer ein offenes Ohr für kreative Ideen Ihrer Mitarbeiter haben (Eröffnung eines Ideenbüros)

- Regelmäßiges offenes und wertschätzendes Feedback. Konstruktive Kritik und LOBEN (Lob aussprechen!!!) der eigenen Mitarbeiter, durch die Kundenbegeisterung nur möglich ist.

Der Erfolg eines Unternehmens, das sich Kundenbegeisterung auf die Fahne geschrieben hat, greift besonders, je mehr Personen und Bereiche des Unternehmens eingebunden sind und sich so damit identifizieren können. Dadurch entstehen nebenbei auch wertvolle Synergie-Effekte.

Teil III.
Das Trainingsprogramm

„Antennen an!" – Chancen erkennen, Gelegenheiten nutzen
Jeder Tag eine neue Chance, das Bestmögliche im Sinne Ihres jeweiligen Kunden herauszuholen.

Phase 1 – In Kontakt kommen – Einen guten, ersten Eindruck machen!

Die persönliche Haltung überprüfen:

- Wie stehe ich zu dem Kunden?
  ___
  ___
  ___
  ___

- Was fällt mir Positives zu ihm ein?
  ___
  ___
  ___
  ___

- Worauf kann ich im positiven Sinne hinarbeiten, wenn mir im ersten Moment nichts Positives einfällt?
  ___
  ___
  ___
  ___

• Wie stelle ich sicher, dass ich jeden Tag neu mit einer positiven Haltung in den Tag starte?

_____
_____
_____
_____

Schaffen Sie sich morgens ein kleines Ritual, mit dem Sie sich bewusst bei z.b. einer Tasse Kaffee auf den Tag einstimmen!

Die Bordsteinkonferenz

Der kurze Selbstcheck vor jedem Kundenbesuch: Überprüfen Sie *jeden Tag aufs Neue* bewusst folgende Punkte, um Ihrer Rolle als persönliche Visitenkarte des Unternehmens professionell gerecht zu werden:

Machen Sie sich bewusst, was das im Detail für Sie in Ihrer beruflichen Situation im Kundenkontakt bedeutet.

Einladen und Beeindrucken!

Mit dem Wissen um diese Wirkmechanismen sollte es Ihr Ziel sein, beim ersten Zusammentreffen – persönlich oder telefonisch – ein Bild im Kopf des Anderen entstehen zu lassen, das Ihrer Kommunikationsabsicht entspricht. Um einen überzeugenden, authentischen ersten Eindruck zu erzielen, ist es wichtig, für sich und sein Unternehmen folgende Fragen zu klären:

I. Welche Soft Skills sind wichtig für den ersten Eindruck im Kundenkontakt?

Für einen authentischen, überzeugenden Auftritt im ersten Kundenkontakt ist es wichtig, das eigene Rollenbild zu klären:

Selbsteinschätzung: Abgleich Selbstbild – Fremdbild

1. Wie sehe ich mich selbst? (Selbstwahrnehmung)

_____
_____
_____
_____

2. Wie *möchte* ich nach außen wirken? (Wunschdenken)

_____
_____
_____
_____

Nehmen Sie sich bewusst 5–10 Minuten Zeit und machen sich Gedanken dazu. Zwischen der eigenen Einschätzung bei Frage 1 und 2 kann es durchaus Unterschiede geben. Oft haben Sie bereits eine gewisse Ahnung, wie Sie „so rüberkommen", lassen die Gedanken aber nicht zu, sobald das Ergebnis anders ist, als Sie es sich insgeheim wünschen. Wer will nicht offen, dynamisch, souverän, zielstrebig usw. auf andere wirken? Natürlich ist es genauso möglich, dass Sie sich sicher sind, dass Sie genauso auf andere wirken, wie Sie es sich wünschen. So oder so, eine ehrliche Selbsteinschätzung stellt sicher, dass Sie den nächsten, wertvollen Schritt machen können. Seien Sie mutig und machen Sie die Gegenprobe! Fragen Sie mehrere, unterschiedliche Personen aus Ihrem Umfeld:

Wie wirke ich im ersten Eindruck auf andere? Notieren Sie konkret die Rückmeldungen der befragten Personen (Fremdwahrnehmung):

- Wie sehen mich die Anderen?

  _____
  _____
  _____

- Wie werde ich tatsächlich wahrgenommen von den Anderen?

  _____
  _____
  _____

- Wirke ich z.B. so offen, freundlich, kompetent, ansprechbar, wie ich mich einschätze? (Fremdbild)

  _____
  _____
  _____

Versuchen Sie, ein ehrliches Feedback von Kollegen/Vorgesetzten/Freunden/Familie zu bekommen. Versuchen Sie die Reaktion von Kunden als Echo zu deuten.

Entscheidend für einen Lernerfolg bzw. für wichtige Erkenntnisse über die eigene Wirkung ist: Machen Sie sich, bevor Sie jemanden fragen, bewusst, dass die Antwort immer aus Sicht des Anderen tatsächlich so empfunden wurde. Das bedeutet in der Konsequenz: Es gibt keinen Grund, sich für etwas (Verhalten, Sprache) zu rechtfertigen, auch wenn Sie ganz sicher sofort eine Erklärung parat haben, warum Sie etwas so gesagt oder gemacht haben. Nehmen Sie es erst einmal so hin. Ob es Ihnen gefällt oder nicht, auf den Anderen haben Sie in einer bestimmten Art und Weise gewirkt und genau darum geht es. Holen Sie sich regelmäßig Rückmeldungen zu Ihrer Außenwirkung. Das Bewusstsein um die eigene Wirkung ermöglicht eine bessere Selbsteinschätzung und verhindert in der Konsequenz viele, unnötige Missverständnisse.

Abgleich Selbstbild – Unternehmensprofil

- Wie will ich, dass mich die Anderen sehen?

  _____
  _____
  _____

- Was ist mein Ziel?

  _____
  _____
  _____

- Was ist das Ziel meines Unternehmens?

  _____
  _____
  _____

- Welches Bild wollen wir beim Kunden entstehen lassen?

  _____
  _____
  _____

Ziel: Die Schnittmenge Ihrer Antworten sollte so groß wie möglich sein.

Versuchen Sie, die gefundenen Soft Skills in einer Überschrift oder einem Slogan zusammenzufassen. Wichtig ist der Abgleich mit den kommunizierten Unternehmenswerten, dem Slogan, den Werbeaussagen.

Slogan:

_____

_____
_____
_____

II. Wie kann ich diese Soft Skills sofort für den Kunden erkennbar machen?

Im nächsten Schritt geht es darum zu klären, wie Sie über Ihren äußeren Auftritt, Ihr Erscheinungsbild und alle nonverbalen Wirkungsmechanismen die relevanten Soft Skills möglichst auf den ersten Blick erkennbar machen können. Nach dem Motto „Alles wirkt, die Frage ist nur wie!" sammeln Sie für typische Situationen, in denen Ihre Kunden das erste Mal auf Sie treffen, möglichst alle nonverbalen Wirkfaktoren. Seien Sie gründlich: Was wirkt an Ihnen persönlich, Ihrem Arbeitsumfeld, Ihrem Arbeitsmaterial, der Geräuschkulisse, dem Hintergrund? ...

Beispiel:
Steht ein Unternehmen für Innovation, so sollte sich das auch im äußeren Erscheinungsbild widerspiegeln: entsprechend moderne Arbeitskleidung, neues Werkzeug usw. Alles andere würde Ihre Kunden irritieren.

_____
_____
_____
_____

Wie kann ich die gesammelten Wirkfaktoren gestalten, damit sie meine Stärken und meine Professionalität (= Soft Skills-

Kompetenz) nach außen tragen? Überlegen Sie sich konkrete Beispielsituationen in Bezug auf:

- Kompetenz: _____

- Strukturiertes Arbeiten: _____

- Zuverlässigkeit: _____

- Aufmerksamkeit: _____

- Sauberkeit: _____

- Kundenorientiertheit: _____

Das Eigenlob
Wenn es mal wieder niemand ausspricht, loben Sie sich selbst. Feiern Sie auch kleinere Erfolge/Etappenschritte/Teilziele und zelebrieren Sie bewusst Ihren persönlichen Anteil daran!

- Auf welchen Erfolg im Kundenkontakt können Sie (diese Woche/diesen Monat) besonders stolz sein?

  _____
  _____
  _____

- Von welcher Ihrer Stärken im Kundenkontakt profitiert Ihr Unternehmen am meisten?

  _____
  _____
  _____

- Führen Sie sich vor Augen: Welchen Nutzen (Erfolg) hat Ihr Unternehmen daraus bereits ziehen können?

_____

_____

_____

Der Echo-Effekt

Denken Sie daran, auf jede Aktion folgt im Kontakt mit Ihrem Kunden immer eine Reaktion. Eine offene, positive Haltung erleichtert Ihnen den Zugang zum Kunden und schafft eine positive Gesprächsatmosphäre.

Das LMAA-Prinzip leben: „Lächle mehr als andere!"

Work-life-balance

Übernehmen Sie die Verantwortung für Ihr Leben – beruflich wie privat:

- Wann haben Sie wo bzw. wie das letzte Mal Ihren persönlichen Akku aufgeladen?

_____

_____

_____

Schaffen Sie sich eine Gelegenheit. Planen Sie bewusst ein Zeitfenster ein, in dem Sie bei einer schönen Beschäftigung mal wieder richtig auftanken können! Das wird nur funktionieren, wenn Sie die entsprechende Zeit für sich ganz konkret in Ihrem und parallel in allen anderen möglicherweise wichtigen Kalendern deutlich hineinschreiben.

- Welche Zeitfenster legen Sie zukünftig fest, damit Sie ausreichend Zeit für Entspannung und Ausgleich zum Berufsleben haben?

_____

_____

_____

Wichtig: Lieber ein kleines Zeitfenster einplanen und auch konsequent freihalten, als unrealistische Zeitrahmen zu planen und immer wieder zu verschieben.

Auch eine einzige stille Stunde für sich allein kann eine wirkungsvolle Kraftquelle für einen gelasseneren Alltag sein.

Umgang mit Kritik und Reklamationen – Der Blick durch die Kundenbrille

Sie sind auch in vielen Situationen der Kunde. Suchen Sie sich ein persönliches Beispiel, d.h. eine Situation heraus, in der Sie mit der Leistung eines Unternehmens (bzw. der des Verkäufers/ Kundendienstmitarbeiters/Sachbearbeiters) nicht zufrieden waren. Führen Sie sich die Situation noch einmal vor Augen:

1. Was war das für eine Situation?

_____

_____

_____

_____

2. Welche (Kunden-)Erwartungen hatten Sie an das Unternehmen bzw. den betreffenden Kundenmitarbeiter?

_____
_____
_____

3. Was ist schief gelaufen oder anders als erwartet gewesen?

_____
_____
_____

4. Was bedeutete das in der Konsequenz für Sie

a) an zusätzlichem Zeitaufwand bzw. eventuellen zusätzlichen Investitionen?

_____
_____
_____

b) an zusätzlichen Schwierigkeiten (Organisation)?

_____
_____
_____

5. Erinnern Sie sich an Ihr Gefühl dazu. Waren Sie wütend, verzweifelt ...?

_____
_____
_____

6. Wie ist das Unternehmen bzw. der zuständige Ansprechpartner dort mit Ihrer Kritik und Ihrem Gefühl umgegangen?

_____
_____
_____
_____

Sich bewusst Situationen vor Augen zu führen, in denen Sie selbst der Kunde sind, ist manchmal ganz schön heilsam und verändert den eigenen Blick. Die Erkenntnis, dass sich ein und dieselbe Sache aus zwei unterschiedlichen Blickwinkeln betrachtet manchmal ganz schön unterschiedlich anfühlen kann, ermöglicht uns oft eine wertschätzendere Haltung. Das ist eine professionelle Grundlage, um mit dem Kunden in einfachen wie auch in schwierigen Situationen souverän umzugehen. Überlegen Sie sich auch für normale Situationen, in denen Sie der Kunde sind:

- Worauf legen Sie persönlich wert, wenn Sie als Kunde privat unterwegs sind?

_____
_____
_____

- Was überzeugt Sie so, dass Sie irgendwo Stammkunde werden bzw. gerne auch langfristige Kundenbeziehungen eingehen?

_____
_____
_____

Phase 2 – In Kontakt sein – Den Maßanzug fertigen und anpassen

Der Maßanzug: immer individuell auf den jeweiligen Kunden abgestimmt und an seinem individuellen Bedarf ausgerichtet. Machen Sie den Sprachcheck, d.h. finden Sie angemessene, auf den jeweiligen Kunden individuell zugeschnittene Worte! Dafür ist es wichtig, sich ein genaueres Bild über den Kunden zu machen. Wecken Sie den Sherlock Holmes in Ihnen und besorgen Sie sich proaktiv die Informationen, die Sie benötigen, um Ihren Kunden besser einschätzen zu können.

- Was ist das für ein Kunde, mit dem ich zusammentreffe?

  _____
  _____
  _____

- Wie tief ist er im Thema?

  _____
  _____
  _____

- Kann ich Fachbegriffe verwenden?

  _____
  _____
  _____

- Verstärkt der Einsatz von Fremdwörtern diesem Kunden gegenüber die Akzeptanz oder wirke ich dadurch eher arrogant/überheblich?

  _____
  _____

- Was ist mein Kunde für ein Kommunikationstyp?

  _____
  _____
  _____

- Sind ausführliche Erklärungen und Small Talk gefragt oder legt mein Kunde mehr Wert auf kurze, knappe Sätze mit konkreten Beispielen?

  _____
  _____
  _____

Reizwörter und Tabuformulierungen vermeiden

Reizwörter und Tabuformulierungen sind Wörter und Sätze, die bei anderen schnell auf Ablehnung oder eine andere negative Reaktion stoßen.

Typische Beispiele:
- Aber
- Dafür bin ich nicht zuständig.
- Das kann ich nicht.
- Ich leite das weiter.

Positive Formulierungen schaffen eine positive Gesprächsatmosphäre! Ersetzen Sie Ihre typischen Negativsätze langfristig durch positive Formulierungen. Da es sich um zum Teil jahrelang gefestigte Sprachmuster handelt, überlegen Sie sich zunächst bewusst eine positive Alternativformulierung und dann geht's ans Üben!

_____
_____
_____
_____

Das Chefarzt-Gefühl

Es gibt immer wieder Situationen, in denen wir dem Kunden keine sofortige Antwort oder Lösung bieten können. Manchmal einfach, weil das Anliegen unsere Zuständigkeit nicht betrifft oder uns eine bestimmte Erfahrung (Wissen) fehlt. Statt dem Kunden gegenüber negativ zu formulieren, ist es eine elegante Lösung, dem Kunden das „Chefarzt-Gefühl" zu vermitteln. In der Konsequenz erlebt der Kunde unsere Weiterleitung an jemand anderen nicht als „Abschieben" oder unprofessionell, sondern er bekommt das Gefühl, dass er durch die direkte Empfehlung an den entsprechenden Spezialisten im Unternehmen eine Sonderbehandlung erhält. Die Weiterleitung an die erste Adresse im Haus – den „Chefarzt"!

Unprofessionelle (Tabu)Formulierungen:

- „Das mache ich nicht." – wirkt trotzig und es bleibt die Frage nach der Erklärung
- „Das kann ich nicht." – uninteressant, wichtiger ist hier: *Wer* kann das?
- „Dafür bin ich nicht zuständig." – sondern wer?
- „Ich leite das weiter." – Wann, an wen, wie erfolgt Rückmeldung?
- „Ich kümmere mich darum!" – Aha, wann denn? Konkret werden!

– stattdessen –

Professionelle „Chefarzt-Formulierung":

- „In dem Bereich empfehle ich Ihnen direkt unseren Herrn XY. Er ist bei uns der Fachmann/Experte/Spezialist für …!"
- „Ab 14.00 Uhr ist unsere Fachfrau für dieses Thema, Frau Wieland, wieder da. Selbstverständlich rufe ich Sie direkt zurück, sobald ich das mit Frau Wieland geklärt habe. Spätestens um 17.00 Uhr erhalten Sie von mir eine konkrete Antwort dazu. Vielen Dank für Ihr Verständnis!"

Verwenden Sie zusätzlich viele „WpAs" (Worte persönlicher Anerkennung) wie „gerne", „selbstverständlich", „toll", „klasse". Wo Sie den Namen Ihres Kunden kennen, nutzen Sie ihn! Das ist Wertschätzung und der Kunde kann sicher sein, dass er individuell gemeint ist.

Vermeiden Sie außerdem Wörter, die Ihre Kommunikation schwammig machen.

- Eigentlich
- Möglicherweise
- Eventuell
- Wahrscheinlich
- Im Prinzip

Auch der Einsatz von vielen Konjunktiven trägt zur Unklarheit in der Kommunikation bei. Schaffen Sie stattdessen Klarheit durch freundliche und gleichzeitig bestimmte Formulierungen. („Ich empfehle Ihnen ..."/„Aus meiner Erfahrung ...")

Der Sherlock Holmes in Ihnen – Motive erfragen

Fragen Sie ganz konkret nach:

- Was ist meinem Kunden am wichtigsten?

  _____
  _____
  _____

- Worauf legt er generell am meisten Wert bzw. worauf will er auf gar keinen Fall verzichten? (Heute, hier und jetzt)

  _____
  _____
  _____

- Welche Gewohnheiten pflegt er?

  _____
  _____
  _____

- Wie sieht die Situation heute aus?

  _____
  _____
  _____

- Was ist ein Tabu für ihn?

  _____
  _____
  _____

Umgang mit unterschiedlichen Kundentypen

1. Benennen Sie plakativ die für Sie schwierigen oder anstrengenden Kundentypen und beschreiben Sie diese mit einem für sie typischen Satz oder Verhalten, um sie greifbar und lebendig für Sie zu machen (Beispiel: Typ Besserwisser = mein Kunde XY: „Also Frau ..., ich würde ja sagen, dass Sie das besser so machen.").

   _____
   _____
   _____
   _____

2. Führen Sie sich die reelle Situation wieder vor Augen und überlegen Sie, was für ein Gefühl dieser Kunde in dem Moment bei Ihnen ausgelöst hat. Benennen Sie ehrlich die Ge-

danken und das Gefühl dazu, die bzw. das Sie in dieser Situation hatten. Frei heraus damit, ganz gleich, wie erschreckend das Ergebnis auch manchmal sein mag.

_____
_____
_____
_____
_____

3. Betrachten Sie nun noch einmal den Kundentyp und sein Verhalten. Überlegen Sie sich: Aus welchem Grund verhält sich dieser Kunde wohl so? Würden Sie das Verhalten Ihres Gegenübers als souverän beschreiben? In aller Wahrscheinlichkeit nicht. Mit dem Bewusstsein, dass dieser laute, aggressive oder besserwisserisch auftretende Kunde im Inneren eher schwach ist, lässt sich vieles oft schon leichter tolerieren. Jemand, der wirklich souverän ist, hat keinen Grund, sich besonders aufzuführen bzw. hervorzutun.

Führen Sie sich bewusst vor Augen: Ist dieser Kunde, der sich auffällig verhält, im Inneren ein starker Mensch, also souverän?

_____
_____
_____
_____

4. Was braucht dieser Kunde, der nach außen sehr arrogant auftritt? Was können Sie ihm geben bzw. für ihn tun?

_____
_____
_____

Machen Sie es sich doch ganz leicht. Mit dem Wissen, dass dieser Kunde sich z.B. nach Anerkennung sehnt, können Sie gezielt etwas für ihn tun. Geben Sie ihm einfach das, was er braucht – eine kleine Portion Anerkennung. Es lohnt sich, versprochen! Sie werden sehen, wie schnell er „handzahm" wird und für Ihr Anliegen offen ist.

Die Akku-Ladestation

Jeder Mensch braucht eine gewisse Portion:
- Anerkennung
- Wertschätzung
- Respekt
- Selbstvertrauen

Professionalität bedeutet: Sorgen Sie dafür, dass sowohl Sie (Prinzip Selbstverantwortung) als auch Ihr Kunde ausreichend von den genannten Punkten bekommt – unabhängig davon, wie Sie zu dem Kunden stehen.

Der eigene Anspruch und die Selbstkontrolle

Die Fragen für die Nachhaltigkeit im Kundenkontakt: Nutzen Sie sie zur aktiven Selbstkontrolle im Arbeitsalltag. Schneiden Sie die Fragen an der perforierten Linie entlang aus. Legen Sie die einzelnen Karten übereinander in ein kleines Kästchen. Arbeiten Sie die Fragen regelmäßig ab. Sie selbst haben es in der Hand, wie konsequent Sie sich die einzelnen Aufgaben- bzw. Fragen vornehmen. Die vorgegebenen Aufgaben- bzw. Fragestellungen sind lediglich beispielhaft. Seien Sie kreativ und machen Sie sich eigene Gedanken! Erstellen Sie sich eigene Kärtchen.

Sie allein legen die Höhe der Messlatte fest. Entscheiden Sie, in welcher Liga Sie mitspielen wollen. Nehmen Sie sich eine Karte regelmäßig vor, pro Monat, pro Woche, pro Tag (Championsleague!).

Der Sherlock Holmes in Ihnen – Motive erfragen

Ein Serviceerlebnis für meine Kunden:
Ich überrasche meine Kunden positiv!
Sie erhalten bei jeder Gelegenheit, die sich bietet, einen

Servicebonbon

von mir.

Was nehme ich mir heute vor?

Welchem Kunden stelle ich diese Woche die Weiterempfehlungsfrage?

Wodurch gestalte ich diesen Monat insbesondere den ersten Eindruck bewusst positiv?

Was für nonverbale Signale sendet mein Kunde? Wie greife ich sie auf?

Welcher Kunde hat mehr Aufmerksamkeit verdient?

171

Der Sherlock Holmes in Ihnen – Motive erfragen

Unter welchem Motto steht dieser Tag für mich?	Wie konzentriere ich mich wieder neu auf meinen nächsten Kunden?
Welche Gelegenheit bietet sich, um einen Kunden zu loben? Wofür?	Worauf achte ich heute besonders während des Gesprächsabschlusses?
Welche Gelegenheit ergibt sich, um sich bei einem Kunden für seine Treue zu bedanken?	Was ist heute mein Beitrag zur Kundenzufriedenheit?

Der Sherlock Holmes in Ihnen – Motive erfragen

Prinzip Selbstverantwortung
Um mich von anderen positiv abzuheben, richte ich meinen Blick regelmäßig auch auf mich selbst.

Was mache ich gut?
Was kann ich besser machen?

Was mache ich diese Woche konkret, um meinen persönlichen Akku wieder aufzuladen?

Von wem hole ich mir diesen Monat intern/extern ein Feedback zu meiner Arbeitsweise?

Welche individuelle Entwicklungsaufgabe nehme ich mir für das nächste Quartal vor?

Welche Stärke von mir will ich diese Woche besonders einbringen?

175

Der Sherlock Holmes in Ihnen – Motive erfragen

Ein Serviceerlebnis für meine Kunden: Ich überrasche meine Kunden positiv! Sie erhalten bei jeder Gelegenheit, die sich bietet, einen **Servicebonbon** von mir.	Der nächste Kunde erhält eine besondere Portion: **Achtsamkeit**
Mein nächster Kunde bekommt von mir besondere **Wertschätzung**	Bei meinem nächsten Kunden achte ich vor allem auf **Geduld**
Meinem nächsten Kunden bringe ich ganz besonders viel **Vertrauen** entgegen.	Bei meinem nächsten Kunden lege ich besonders Wert auf **Zuverlässigkeit**

177

Wichtig für den effektiven Erfolg ist die regelmäßige Selbstkontrolle, um kontinuierlich alteingefahrene Verhaltens- oder Sprachmuster nachhaltig zu verändern bzw. zu verbessern.

Phase 3 – In Kontakt bleiben – Einen nachhaltigen Eindruck hinterlassen!

Der Kundenbeziehungszyklus

Nach dem Kundenkontakt ist vor dem Kundenkontakt! Auf jedes Kundengespräch folgt ein neues. Mit anderen Kunden, mit Interessenten genauso wie mit jahrelangen Stammkunden. Machen Sie sich bewusst, dass jeder Gesprächsabschluss immer bereits eine Brücke schlagen sollte in Richtung des nächsten Kundenkontakts. Konkret: Geben Sie wenn möglich einen Ausblick („Wie geht's weiter?") bzw. einen Anreiz, um den Kunden zu motivieren, wiederzukommen oder mit Ihnen in Kontakt zu bleiben.

Beispiel
„Es wird in Kürze eine Aktion zum Thema XY geben."
„Wir erhalten nächste Woche neue Ware."

- Was könnte ich meinem nächsten Kunden für einen Anreiz geben?

_____
_____
_____

Ziel ist es, dass aus jedem Kundenkontakt ein regelmäßiger Kundenbeziehungszyklus entsteht!

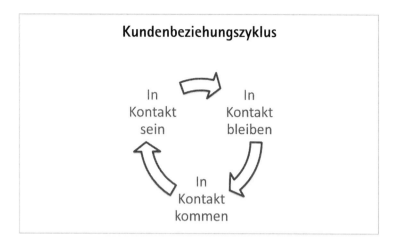

Der proaktive Draht zum Kunden

Nutzen Sie jede Gelegenheit, proaktiv auf den Kunden zuzugehen. Fragen und informieren Sie ihn gezielt nach seinen Erwartungen, Bauchschmerzen und dem individuellen, tatsächlichen Bedarf – immer wieder neu! Das aktive Zugehen auf den Kunden zeigt Engagement und erspart Ihnen bestimmte Fragen oder Aussagen, die sonst sowieso zu einem späteren Zeitpunkt aufgetaucht wären. Informieren Sie Ihre Kunden, bevor diese fragen müssen!

Zum Beispiel empfiehlt sich eine professionelle, serviceorientierte Nutzenargumentation zum Preis-/Leistungsverhältnis, bevor der Kunde platt nach dem Preis fragt. In dem Moment dann einfach ohne Gegenwert als Zahl genannt, scheint derselbe Preis oft viel höher, als wenn Sie ihn vorher nett mit Nutzenargumenten garniert haben. Auf diese Weise ist der Gegenwert sofort präsent und der Kunde bekommt ein gutes Gefühl zum Preis-/Leistungsverhältnis.

Fragen Sie Ihre Kunden, damit Sie Ihre Beratung individuell auf den Kunden zuschneiden und seinen Bedarf und seine Erwartungen zufrieden stellen bzw. übertreffen können. Zeigen Sie Ihrem Kunden durch Ihre Fragen, wie wichtig er Ihnen ist. Mögliche Fragen im Hinblick auf die vorangehenden Punkte:

Beispiele
- Ermittlung des Bedarfs – Für welchen Anlass ist das gedacht?
- Rückblick – „Waren Sie zufrieden mit uns?"
- Ausblick – „Was können wir das nächste Mal für Sie tun?"; „Was können wir besser machen?"
- Nachfassen – „Wie geht es Ihnen?"; „Welche Erfahrungen haben Sie mit ... gemacht?"
- Informieren und neugierig machen (persönlich, telefonisch, per Mail oder Newsletter) – „Wir führen zum Thema XY in Kürze eine Aktion durch!"

Der Kundenspiegel

Der aktuelle Abgleich: Wo stehe ich? – Feedback einholen! Seien Sie mutig: Holen Sie sich Rückmeldungen ein! Fragen Sie Ihren Kunden ganz direkt: Was läuft gut? Was geht besser? Bleiben Sie dran! Hinterfragen Sie regelmäßig, welche Erwartungen und Bauchschmerzen die Kunden haben, worüber sie sich freuen würden und ebenso, was sie ärgert oder enttäuscht hat.

„Leben heißt Veränderung!" Das bedeutet: Was heute gut ankommt, kann morgen schon wieder anders sein ...

Nur der intensive, ernsthafte, regelmäßige und direkte Austausch stellt sicher, dass Sie realistisch einschätzen können, was für einen Bedarf Ihre Kunden haben. Gleichzeitig gibt er Ihnen die Gelegenheit, gegebenenfalls kurzfristig im Sinne der Kunden nachzubessern.

Die Weiterempfehlungsfrage

Feedback ist ein Geschenk – Bringen Sie es auf den Punkt und stellen Sie Ihrem Kunden die alles entscheidende Frage:

„Würden Sie mich/uns/unser Unternehmen weiterempfehlen?"

Die Aufgabe dahinter ist klar: Engagieren Sie sich intern und extern, geben Sie Ihr Bestes, bis die Antwort eindeutig „Ja!" heißt!

> **Anspruch und Realität:**
> Sie können nicht jeden Tag hundertprozentig alle Erwartungen erfüllen, also perfekt sein – aber Sie können jeden Tag neu hundert Prozent, also Ihr Bestes geben!

Bewusstsein schaffen – leicht gemacht

Für diejenigen unter Ihnen, die in kürzester Zeit ein klares Gefühl und konkrete Vorstellungen zu dem Thema „Kundenbegeisterung durch Soft Skills" bekommen wollen: Nutzen Sie Ihre Live-Situation als privater Kunde. Achten Sie bewusst in den nächsten 10 Situationen, in denen Sie selbst als Kunde unterwegs sind, auf folgende Aspekte:

- Was war Ihr erster Eindruck von dem entsprechenden Verkäufer, Berater, Ansprechpartner oder Servicemitarbeiter?

_____
_____
_____
_____

- Wie wurden Sie begrüßt?

_____
_____
_____
_____

- Wie gut haben Sie sich beraten oder behandelt gefühlt?
  _____
  _____
  _____
  _____

- Mit welchem Gefühl sind Sie aus der Situation gegangen und was bedeutet das für die zukünftige mögliche Kundenbeziehung?
  _____
  _____
  _____
  _____

Stellen Sie sich die alles entscheidende Frage „unterm Strich":

- Würden Sie das entsprechende Unternehmen einem guten Bekannten weiterempfehlen?
  _____
  _____

Individuelle Entwicklungsaufgaben

Hand aufs Herz: Machen Sie den Abgleich

- Was bringen Sie an ganz persönlichen und sozialen Kompetenzen mit?
  _____
  _____
  _____

- Was sind Stärken, die Ihr Kunde im Kontakt mit Ihnen auch direkt wahrnehmen kann?

  _____
  _____
  _____

- Woran können Sie noch ganz konkret arbeiten, um für Ihre Kunden das Beste herauszuholen??

  _____
  _____
  _____

Wie schätzen Sie sich selbst in Bezug auf folgende Soft Skills ein?

1. Persönliche Kompetenzen

Offenheit Würden Sie sich als einen Typ beschreiben, der offen auf andere zugeht, unabhängig davon, ob Ihnen der Typ liegt bzw. auf den ersten Blick sympathisch oder unsympathisch ist?	☐ Absolut ☐ zum Teil ☐ Nein
Positive Haltung Geben Sie den Dingen immer möglichst eine positive Richtung? Versuchen Sie immer das Beste aus einer Situation zu machen?	☐ Absolut ☐ zum Teil ☐ Nein
Selbstmotivation Holen Sie immer mit vollem Engagement das Bestmögliche im Sinne Ihrer Kunden aus einer Situation heraus?	☐ Absolut ☐ zum Teil ☐ Nein

Identifikation
Wie sehr identifizieren Sie sich mit Ihrer jetzigen beruflichen Aufgabe bzw. dem entsprechenden Produkt und dem Unternehmen?

☐ Absolut
☐ zum Teil
☐ Nein

Authentizität
Verhalten Sie sich bei Kundenbesuchen Ihrem Typ entsprechend (natürlich)? Sind Sie sich als Typ treu?

☐ Absolut
☐ zum Teil
☐ Nein

Loyalität
Stehen Sie hundertprozentig hinter Ihrem Arbeitgeber?

☐ Absolut
☐ zum Teil
☐ Nein

Zuverlässigkeit
Können sich Ihre Kunden auf Ihre Zusagen verlassen?

☐ Absolut
☐ zum Teil
☐ Nein

Selbstbewusstsein
Zeigen Sie in schwierigen Situationen auch Rückgrat? Treffen Sie im Sinne des Kunden eigenständige (möglicherweise sogar unpopuläre) Entscheidungen, solange Sie sie fachlich vertreten und argumentieren können?

☐ Absolut
☐ zum Teil
☐ Nein

Gelassenheit
Schaffen Sie es, auch in schwierigen Gesprächssituationen bei zum Beispiel sehr fordernden Kunden gelassen zu bleiben?

☐ Absolut
☐ zum Teil
☐ Nein

Kritikfähigkeit
Sind Sie wirklich ganz offen für konstruktive Kritik, auch bzw. gerade von Menschen, die Ihnen vom Typ unsympathisch sind?

☐ Absolut
☐ zum Teil
☐ Nein

2. Soziale Kompetenzen

Fähigkeit, konstruktiv Kritik zu üben Sprechen Sie Kritikpunkte jederzeit und *jedem gegenüber* offen und direkt an?	☐ Absolut ☐ zum Teil ☐ Nein
Empathie Gelingt es Ihnen stets, sich in die Situation Ihres Kunden einzufühlen?	☐ Absolut ☐ zum Teil ☐ Nein
Schlagfertigkeit Sind Sie in der Lage spontan und flexibel auf unerwartete Kundenansprüche zu reagieren?	☐ Absolut ☐ zum Teil ☐ Nein
Wortgewandtheit Ist Ihr Wortschatz heute bereits groß genug, um verschiedenste Kundentypen jeweils in ihrer Sprache zu erreichen?	☐ Absolut ☐ zum Teil ☐ Nein

3. Methodische Kompetenzen

Moderationskompetenz Können Sie in Kundengesprächen in der Sache dafür sorgen, dass jeder Beteiligte zum Beispiel einen ausreichenden Raum/Redeanteil erhält, um seine Sicht der Dinge vorzubringen?	☐ Absolut ☐ zum Teil ☐ Nein
Präsentationskompetenz Verstehen Sie es, sich und Ihr Produkt bzw. Ihre Dienstleistung interessant und professionell ins rechte Licht zu setzen?	☐ Absolut ☐ zum Teil ☐ Nein

Führungskompetenzen (Durchsetzungsstärke, Entscheidungsstärke, Fähigkeit zu delegieren) Sind Sie in der Lage, Menschen für sich und Ihre Ziele zu begeistern?	☐ Absolut ☐ zum Teil ☐ Nein
Initiative Arbeiten Sie proaktiv, erkennen Gelegenheiten und nutzen unvorhergesehene Chancen?	☐ Absolut ☐ zum Teil ☐ Nein
Durchhaltevermögen Haben Sie einen langen Atem und bleiben an den Themen dran? Sind Sie ausdauernd, auch wenn sich Ihnen Hindernisse in den Weg stellen?	☐ Absolut ☐ zum Teil ☐ Nein

Diese Fragen sind nur beispielhaft und als Denkanstoß für die eigene, individuelle Weiterentwicklung gedacht. Sicherlich sind Ihnen beim Durchlesen weiterführende Fragen zu Ihrer Persönlichkeitsbestimmung eingefallen. Unabhängig von den aufgeführten Soft Skills lohnt es sich auch, *regelmäßig* so etwas wie eine persönliche Standortbestimmung zu machen, denn Ihre Stärken von heute können sich im Laufe Ihrer Berufstätigkeit erweitern und verändern.

Kurze Standortbestimmung

- Worin bin ich zurzeit gut?

_____
_____
_____
_____

- Was macht meine Kompetenz aus?

  _____
  _____
  _____
  _____

- Welche Stärken schätzen meine Kunden besonders an mir?

  _____
  _____
  _____
  _____

- Was kann ich noch besser machen?

  _____
  _____
  _____
  _____

Ein wichtiger Hinweis an dieser Stelle zur Erinnerung:

> „Alles ist eine Momentaufnahme!"
> Das heißt, was heute, hier und jetzt aktuell und in ist, kann morgen schon wieder anders und out sein ...

In diesem Sinne:

Ran an die Kunden und „Antennen an!"

Zusammenfassende Erkenntnis

Gerne würde ich an dieser Stelle spektakulär klingende, verkäuferische Formulierungen verwenden. Gleichzeitig lege ich großen Wert darauf, die Dinge stets einfach, konkret und klar beim Namen zu nennen. Unterm Strich geht es immer um dasselbe: Unabhängig von Geschlecht, Alter, Herkunft, Aufgaben und Positionen benötigt ausnahmslos *jeder* Mensch (Ja, Kunden und Führungskräfte sind auch Menschen ...) eine gesunde Portion **Anerkennung, Respekt, Wertschätzung und Vertrauen.**

Das sichere Grundrezept für eine erfolgreiche, nachhaltige Kundenbeziehung: Die Mischung aus Professionalität und Menschlichkeit! Fachwissen und der gezielte Einsatz von Gesprächstechniken auf der einen Seite, sowie Achtsamkeit, gesunder Menschenverstand und eine gute Kinderstube auf der anderen Seite bestimmen maßgeblich die Qualität der Kundenbeziehung.

Ernsthaftes Interesse, die individuell, bestmögliche Lösung für Ihren Kunden zu finden, ist dafür eine wichtige Grundvoraussetzung und für den Kunden erlebbar.

„Antennen an!"

Ich bin begeistert!
Als berufstätige Mutter ist die Umsetzung eines Buchprojektes nur möglich, wenn einem der Rücken freigehalten wird.

Ein dickes „Danke!"
An die Menschen in meinem Umfeld, die offensichtlich über viele gute Soft Skills verfügen ...
Wolfgang Kaa und Ralf Borchardt – für das immer schnelle und ehrliche Feedback zwischendurch!
Christine Beckmann – für den regelmäßigen, fachlichen Blick in den Spiegel und für ein offenes Ohr zu jeder unmöglichen Tages- und Nachtzeit!
René Nielson und Thorsten Arp – für die unkomplizierten, selbstlosen PC-Rettungseinsätze im Blitztempo!
Heiner – für die entscheidende Energie zur rechten Zeit!
Oli – für die wichtige Organisation des Alltagswahnsinns drumherum!!!

Ein besonderes „Danke":
An jeden (!) Einzelnen, der mich durch seine Offenheit und sein Vertrauen bei Mitfahrten und während intensiver Trainings (Coachings) an seinem Berufsalltag teilnehmen lassen hat (bewusst und unbewusst). Wertvolle, ehrliche Einblicke in die Praxis von Führungskräften und Mitarbeitern unterschiedlichster Branchen sind das tolle Ergebnis.
Jedes Erlebnis (positiv wie negativ) hat mich bereichert und macht mich neugierig auf das, was noch kommt. Es bleibt spannend, immer da, wo Menschen zusammentreffen.

„Danke!"